Birgitt Heigl

Der kleine Fakir Namu
und der Fünffache Pfad

Birgitt Heigl

# Der kleine Fakir Namu

## und der Fünffache Pfad

*ISBN 978-3-89316-017-4*
Alle Rechte vorbehalten
© 2008 by Verlag Horst Heigl, Heiligenberg
www.heigl-verlag.de

1. Auflage

Verwendung fanden grafische Elemente der Firma *Aridi*

Aridi Graphics
P. O. BOX 79702 Dallas, Texas 75379 USA

Text, Bilder, Satz und Gesamtgestaltung:
Birgitt Heigl

Nachdruck, auch auszugsweise, die fotomecha-
nische und elektronische Wiedergabe sowie die
Bearbeitung als Hörspiel, die Übertragung durch
Rundfunk oder Fernsehen, Verfilmung und Über-
setzung in andere Sprachen bedürfen der ausdrück-
lichen Genehmigung des Verlages Horst Heigl.

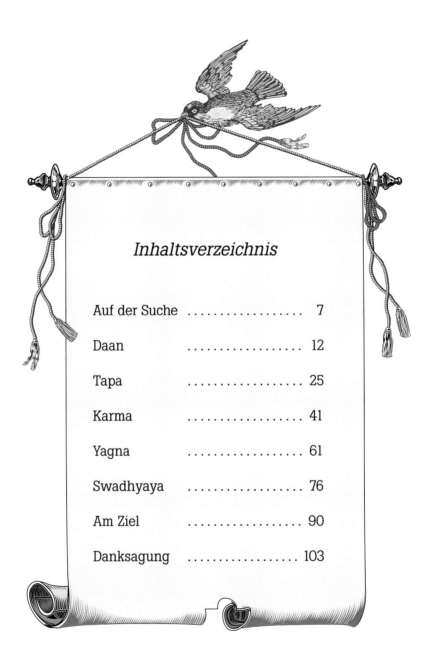

## Inhaltsverzeichnis

| | |
|---|---|
| Auf der Suche | 7 |
| Daan | 12 |
| Tapa | 25 |
| Karma | 41 |
| Yagna | 61 |
| Swadhyaya | 76 |
| Am Ziel | 90 |
| Danksagung | 103 |

# Auf der Suche

Es gibt in Indien viele interessante Erzählungen von Menschen, die nach Gott suchen, von Mönchen, Yogis, Fakiren und anderen mehr. Eine solche Geschichte ist auch die von Namu, dem kleinen Fakir, der schon in jungen Jahren auf der Suche nach Gott war. Das besonders Schöne an der Geschichte ist, dass Namu nicht nur suchte – sondern auch fand! Und wie es dazu kam, das möchte ich euch erzählen.

Namu war ein aufgeweckter Junge, der wohl 11 Jahre alt sein mochte. Er war eigentlich ein ganz normaler Junge wie jeder andere auch. Es gab jedoch einen Unterschied: Sein bester Freund war nicht ein anderer Junge oder ein Mädchen in seinem Alter. Nein, sein bester Freund war viel, viel älter als er. Er hatte bereits silbernes Haar und einen langen Bart. Es war der große, weise und gütige Fakir Mahmud.

Unter einem Fakir stellen sich manche jemanden vor, der auf einem Nagelbrett sitzt. Das ist aber fast nie der Fall. „Fakir" bedeutet „arm". So werden in manchen Gegenden Menschen bezeichnet, die zu Gott wollen und denen alles andere, wie Geld und Familie, nicht wichtig ist. Echte Fakire erscheinen im Äußeren arm, im Inneren verfügen sie aber über einen Reichtum, der mit allem Geld der Welt nicht aufzuwiegen ist. Er besteht aus Glück, Zufriedenheit, großer Liebe und ständiger Freude. Auch wissen sie Dinge von Gott, von denen andere keine Ahnung haben.

Solch ein innerlich reicher Fakir war auch Mahmud. Er lebte in einer weitläufigen, wunderschönen alten Tempelanlage, die am Rande des Dschungels lag. Von dem Tempel hatte man lange Zeit nichts mehr gewusst. Als er vor einiger Zeit wiederentdeckt wurde, war dies eine große Überraschung gewesen. Nicht nur weil der Tempel so groß und schön und gut erhalten war, sondern auch, weil dort jeder Gott so verehrt hatte, wie er es am allerliebsten tat.

An dem Tempel wurde seit seiner Entdeckung viel gearbeitet. Verfallenes wurde ausgebessert und der große, parkähnliche Garten neu angelegt. Ein kleiner, klarer, sprudelnder Bach durchzog das Gebiet und sorgte dafür, dass hier nie Mangel an Wasser herrschte.

Das Dorf, in dem Namu wohnte, befand sich ganz in der Nähe des alten Tempels. Es bestand nur aus wenigen einfachen Häusern und die Straße war eine gewöhnliche Schotterstraße. Trotzdem war es für Namu etwas Besonderes, in diesem Dorf wohnen zu dürfen, denn von hier aus konnte er jederzeit schnell den Tempel erreichen.

Wann immer es ihm möglich war, ging Namu zum Tempel. Außer Mahmud lebten dort auch noch andere besondere Menschen. Viele kamen von weit her, einige sogar aus weit entfernten Ländern. Sie sahen anders aus als die Leute vom Dorf. Manche waren seltsam gekleidet oder hatten ganz helle oder sehr dunkle Haut. Die Haare sahen bei einigen nicht schwarz aus, sondern braun, rot oder gar golden. Eines hatten sie jedoch alle gemeinsam: Sie schienen stets zufrieden zu sein. Man sah sie fast immer mit leuchtenden Augen und einem Lächeln in ihrem Gesicht.

Namu liebte es, bei den Menschen im Tempel zu sein. Er wusste, dass sie so leuchtende Augen hatten, weil sie immerzu versuchten an Gott zu denken. Vielleicht hatten einige von ihnen Gott sogar gesehen?

Auch wenn alle Tempelbewohner so besonders waren, mochte Namu doch am meisten den weisen Fakir Mahmud. Namus größter Wunsch

war, ebenfalls ein großer Fakir zu werden, und daher besuchte er Mahmud so oft wie möglich.

Eines Tages gingen die beiden zusammen spazieren. Schon seit Wochen wollte Namu unbedingt etwas wissen und heute nutzte er die Gelegenheit, Mahmud zu fragen:

„Lieber Mahmud, ist Gott der Allmächtige noch größer als du?"

Der weise Fakir lächelte und antwortete ihm:

„Selbstverständlich ist Gott größer als ich – viel, viel größer."

Namu überlegte kurz und fragte dann weiter:

„Meinst du, Gott ist auch größer als dieser mächtige Baum hier?"

„Aber ja, viel größer."

„Sag mir, kann es sein, dass er, der Allmächtige, noch größer ist als der riesige Berg dort?"

„Ja, er ist selbst größer als dieser Berg",

erwiderte der gütige Fakir mit einem wissenden Lächeln. Schweigend gingen die beiden ein Stückchen weiter. Doch schon drängten Namu neue Fragen.

„Ob Gott noch mehr leuchtet als deine Augen, die doch so hell und strahlend sind?"

„Natürlich, mein kleiner Fakir", antwortete Mahmud.

„Aber ob sein Licht heller strahlt als die vielen Sterne, die nachts am Himmel funkeln?"

„Oh ja, mit Sicherheit."

„Glaubst du, dass sein Licht selbst die Helligkeit der Sonne übertrifft?"

„Gottes Licht ist weitaus heller als das der Sonne", bestätigte der weise Fakir.

Namu sah fast verzweifelt aus, als er nun wissen wollte:

„Wenn der Allmächtige so groß ist und so hell leuchtet,

WARUM  KANN  ICH  GOTT  NICHT  SEHEN?"

Der ehrwürdige Fakir hatte mit dieser Frage schon längere Zeit gerechnet, denn – beschäftigt sie nicht irgendwann jeden Menschen? So antwortete er ihm:

„Gott wohnt in jedem Menschen und in allen Tieren, in den Pflanzen und selbst in den Steinen. Er leuchtet durch die Sonne, die Sterne und durch alles Lebendige. Er ist ständig und überall da! Um Gott aber zu erkennen, muss man etwas dafür tun und es auch unbedingt wollen. Wenn es dein Wunsch ist, kann ich dich dahin führen, dass du ihn erkennen kannst."

Namus Augen leuchteten, als er sagte:

„Oh ja, das ist mein größter Wunsch!"

Die beiden setzten sich auf einen umgefallenen Baumstamm. Beide waren zufrieden. Namu, weil er nun einen Lehrer hatte, den er sehr mochte und der ihm den Weg zeigen würde. Mahmud, weil er einen lieben Schüler erhalten hatte, dem er das Wissen weitergeben konnte.

Mahmud, der Lehrer, erklärte nun, welchen Weg sie einschlagen würden, um das Ziel zu erreichen:

„Dir ist sicherlich bekannt, dass unser großer Tempel sehr, sehr alt ist. Lange Zeit wusste man nichts mehr von ihm, denn niemand wohnte mehr dort, und deshalb konnte ihn der Dschungel überwuchern. Ähnlich erging es dem ältesten und weisesten Wissen der Menschheit. Auch von ihm wusste man kaum mehr etwas, weil sich die Menschen zu wenig darum kümmerten. Andere veränderten es auch sehr, sodass es, ähnlich wie beim Dschungel, von Beiwerk überwuchert wurde. Doch vor Kurzem wurde nicht nur der Tempel, sondern auch das heilige Wissen wiederentdeckt. Es enthält wunderbare Wegweiser auf der Suche nach Gott. Fünf Punkte sind es, die bei gewissenhafter Befolgung ausreichen, um Gott erkennen zu können. Der Weg wurde genannt:

DER FÜNFFACHE PFAD

Diesen Pfad, oder anders gesagt diesen inneren Weg, werden wir zusammen gehen."

Namu strahlte und war voller Freude. Der Fünffache Pfad, das bedeutete nur fünf verschiedene Punkte. Das war nur so viel wie die Finger einer Hand. Da würde er sicherlich bald am Ziel sein. Sofort wollte er damit beginnen.

Und so erklärte ihm der große Fakir den ersten Punkt:

# Daan

„Als Erstes werden wir *Daan* üben",

begann der gütige Fakir seine Unterweisung. Er schaute Namu vielversprechend an, bevor er weitersprach:

„Als du geboren wurdest, gehörte dir nichts auf dieser Welt. Du brachtest nicht einmal Kleidung mit, die dich gewärmt hätte. Erst später bekamst du Dinge, von denen du sagen konntest:

‚Das ist meins, es gehört mir.'

Je älter du wirst, desto mehr kannst du ansammeln. Irgendwann aber, wenn du die Erde wieder verlässt, wirst du alles zurücklassen müssen. Du gehst von der Erde so, wie du gekommen bist - mit nichts.

Der erste Punkt, den wir üben wollen, soll uns daran erinnern, dass wir auf der Welt nichts auf Dauer besitzen. Alles ist uns nur für eine gewisse Zeit geliehen. *Daan* bedeutet, dass man an den Dingen, die man besitzt, nicht hängen soll. Das kann man erreichen, wenn man mit anderen teilt und ab und zu etwas verschenkt. Das Schenken soll mit Freude geschehen und ohne etwas dafür zu erwarten.

Am besten du versuchst es erst einmal, dann können wir weiter darüber reden."

Überrascht sah Namu den Fakir an. Etwas verschenken – das war ja wirklich ganz einfach. Namu hatte sich den Fünffachen Pfad viel schwerer vorgestellt. Wenn alles so leicht war, dann würde er sein Ziel wohl bald erreichen. Voller Freude begann er deshalb sofort damit, *Daan* zu üben.

Zu Hause sah er als Erstes seine wenigen Spielsachen durch. Auf Anhieb fand er ein altes Spielzeugauto, für das er schon lange keine Verwendung mehr hatte. Er hatte es einst von einem der Tempelbesucher geschenkt bekommen. Eine Autotür ging leider nicht mehr ganz zu und der Kofferraumdeckel klemmte. Aber man konnte noch gut erkennen, dass es einmal eine schöne rote Farbe gehabt hatte, und es fehlte nicht ein Autoreifen.

Namu nahm das kleine Auto und besuchte damit Amar. Amar war einer seiner Freunde, fast ein Jahr älter als er und wohnte im gleichen Dorf. Mit Freude überreichte er ihm das Spielzeugauto und sagte zu ihm:

„Lieber Amar, ich bin jetzt Schüler beim großen Fakir Mahmud. Er sagte, dass ich *Daan* üben soll. Darum will ich dir was schenken."

Als sich Amar das Geschenk ansah, merkte er gleich, dass es nicht mehr besonders schön war. Er wollte es eigentlich gar nicht haben und meinte deshalb:

„Ich weiß ja nicht, was *Daan* ist, aber kannst du es nicht bei jemand anderem üben? Vielleicht hast du da auch etwas falsch verstanden. Ich kann mir nicht vorstellen, dass der Fakir wollte, dass du so ein altes Spielzeugauto verschenkst."

Ein wenig verlegen meinte Namu daraufhin:

„Mahmud sagte, dass ich etwas mit Freude verschenken soll, und das habe ich getan."

Amar machte einen Vorschlag:

„Weißt du was? Lass uns zusammen zu Mahmud gehen. Dann kann er es noch einmal erklären. Ich wüsste auch gerne, was *Daan* bedeutet."

Das war eine gute Idee und die beiden eilten auf dem schnellsten Weg zum alten Tempel. Sie fanden Mahmud im Garten unter einem großen, alten Baum sitzend. Noch ganz außer Atem erzählte Namu ihm von seinem ersten Versuch, *Daan* zu üben.

Der große Fakir hörte sich alles an und musste darüber sehr lachen. Sichtlich amüsiert sagte er zu Namu:

„Du hast dir das Ganze wohl sehr einfach vorgestellt. Wenn du *Daan* übst, dann bedeutet das nicht, alte, unschöne Sachen zu verschenken, die du nicht mehr brauchen kannst. Du solltest das Geschenk gut aussuchen. Es sollte etwas sein, von dem du dich vielleicht nicht ganz so leicht trennen kannst."

Zu Amar gewandt sagte er:

„Es freut mich, dass du auch mitgekommen bist. Vielleicht kannst du Namu ja beim Üben ein wenig unterstützen. Zusammen macht es viel mehr Spaß."

Namu und Amar bedankten sich bei Mahmud für den Ratschlag. Während des Heimwegs überlegten sie gemeinsam, was man am besten verschenken könnte. Es kamen ihnen die verrücktesten Ideen. Schließlich wollten sie - jeder zu Hause – weiter darüber nachdenken.

Längere Zeit überlegte nun Namu, was er verschenken könnte. Er besaß nicht viele Sachen und es sollte ja auch etwas Schönes sein. Von seinen meisten Habseligkeiten würde es ihm eigentlich leichtfallen, sich zu trennen. Da fiel sein Blick auf „Zisch". Oh nein! Niemals würde er sie hergeben wollen.

Zisch war eine Schlange. Fakire haben manchmal eine Schlange bei sich, die in einem Korb schläft. Wenn der Fakir auf einer Flöte spielt, kommt die Schlange aus dem Korb und tanzt zu der Musik. Namu wollte gerne ein großer Fakir werden. Deshalb war er sehr glücklich und auch ein wenig stolz darauf, eine Schlange zu besitzen. Zisch war sehr zahm und nicht giftig und lag fast den ganzen Tag faul in ihrem Korb. Leider hatte sie noch nie getanzt. Trotzdem liebte Namu sie sehr.

Namu ging zum Korb, in dem die Schlange schlief, und streichelte sie zärtlich. Dann gab er sich einen Ruck, nahm den Korb und eilte damit zu seiner Mutter. Er sagte zu ihr:

„Liebe Mama, Zisch ist das Wertvollste, was ich habe. Aber ich will jetzt *Daan* üben und darum schenke ich sie dir."

Während er seiner Mutter den Korb entgegenhielt, rollte eine kleine Träne über seine Wange. Doch gleich versuchte er wieder zu lächeln, denn das sollte er beim Verschenken ja tun.

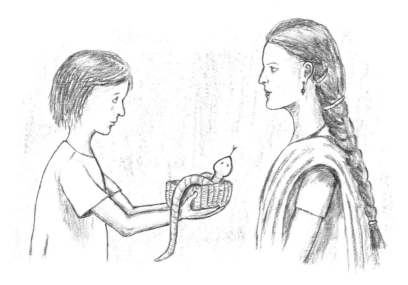

Die Mutter erschrak im ersten Moment. Sie mochte Schlangen nicht besonders und hielt sich normalerweise von ihnen fern. Zisch hatte sie nur in ihrem Haus geduldet, weil sie wusste, wie sehr Namu sie liebte. Darauf achtend, dass Namu ihr mit der Schlange nicht zu nahe kam, wehrte sie sein Angebot so schnell wie möglich ab:

„Das ist wirklich sehr, sehr lieb von dir, Namu – aber was soll ich denn mit einer Schlange anfangen? Behalte sie ruhig. Wenn du mir etwas schenken möchtest, findest du bestimmt etwas anderes."

Dieses Mal war Namu gar nicht lange traurig, dass sein Geschenk nicht gut ankam. Es war ihm vielmehr anzusehen, wie erleichtert er war, Zisch behalten zu können. Allerdings konnte er beim Üben von *Daan* immer noch keinen Erfolg verzeichnen. Er würde wohl bei Mahmud noch einmal Rat einholen müssen.

Am nächsten Tag besuchte Namu gleich nach dem Schulunterricht den weisen Fakir und berichtete ihm ausführlich von seinem zweiten missglückten Versuch. Der Fakir fragte ihn in seiner liebevollen Art:

„Hast du dir schon überlegt, was du dieses Mal nicht beachtet hast?"

Namu schaute etwas verlegen und antwortete dann:

„Ja, ich glaube, meine Mutter mag keine Schlangen – nicht einmal Zisch."

„So ist es, Namu. Was einem selbst sehr wertvoll erscheint, bedeutet jemand anderem vielleicht gar nichts. Beim Schenken muss man also an den anderen denken und überlegen, was ihm gefallen könnte."

„Nächstes Mal werde ich bestimmt daran denken",

versprach Namu. Der große Fakir nahm nun einen sehr gütigen Gesichtsausdruck an, als er weitersprach:

„Auch wenn du meinst, dass dein zweiter Versuch ein Misserfolg war, so kann ich dir nicht ganz zustimmen. Sag mir, was du empfindest, wenn du an Zisch denkst."

„Oh, ich bin so dankbar, dass sie bei mir bleiben kann. Ich glaube, ich kann mich jetzt noch viel mehr darüber freuen, dass sie da ist."

„Nun gut, Namu. Was hast du für Zisch empfunden, bevor du sie verschenken wolltest? Kann es sein, dass du stolz darauf warst, eine Schlange zu besitzen?"

Nach kurzer Überlegung bestätigte Namu:

„Ja, ich glaube, ich war stolz darauf. Aber jetzt nicht mehr, jetzt bin ich nur noch dankbar."

„Siehst du, mein kleiner Fakir, es hat sich schon etwas in dir zum Guten geändert. Für dich war es selbstverständlich, Zisch zu besitzen, und du warst sogar stolz darauf. Das hat sich jetzt geändert. Wenn man zu Gott will, dann sollte man nichts für selbstverständlich halten. Es ist immer ein Geschenk von Gott, etwas zu besitzen und mit allem Nötigen versorgt zu sein.

Wie du gesehen hast, muss man nicht alle Dinge verschenken, um _Daan_ zu üben. Manchmal reicht es aus, wenn man bereit dazu wäre und es sich nur vorstellt. Dann merkt man wieder, wie froh man sein kann, die Dinge von Gott zur Verfügung gestellt zu bekommen. Doch jetzt solltest du noch ein wenig weiterüben."

Nachdem sich Namu bei Mahmud bedankt hatte, ging er zufrieden nach Hause. Er war sehr froh, weil sein Versuch, Zisch zu verschenken, doch nicht ganz umsonst gewesen war. Noch mehr freute ihn, dass sich in ihm schon etwas zum Guten geändert hatte. Ohne den Hinweis von Mahmud hätte er es gar nicht bemerkt. In seinem Abendgebet dankte Namu Gott dafür, dass er jetzt dankbar war und nicht mehr stolz. Und er dankte dafür, dass er so wundervolle Dinge lernen durfte.

Am nächsten Tag wachte Namu sehr früh auf. Trotz reichlichem Frühstück blieb ihm noch einige Zeit, bevor er zur Schule musste. In aller Ruhe überlegte er deshalb, was er seinem Freund Amar schenken könnte. Sein Blick fiel auf zwei neue Bleistifte, die er vor Kurzem von seinem Onkel erhalten hatte. Eigentlich brauchte er keine zwei

Bleistifte. Einen könnte er Amar schenken. Er überlegte, welchen von beiden er verschenken sollte. Der eine war außen blau, der andere grün. Ihm gefiel der blaue besser, aber es sollte ja der sein, den Amar schöner fand.

Namu nahm beide Bleistifte mit in die Schule. Er und Amar besuchten die gleiche Klasse. Namu wollte als Nächstes herausfinden, welche Farbe Amar besonders mochte. Er beobachtete ihn eine Weile. Da sah er, dass viele seiner Hefte grüne Umschläge hatten, sein Schreibstift grün war und als Amar sich einmal die Nase putzte, sah er, dass er sogar ein hellgrünes Taschentuch benutzte. Seltsam, dass ihm das noch nicht früher aufgefallen war. Hatte es ihn bisher so wenig interessiert, welche Vorlieben sein Freund hatte? Er schämte sich auf einmal, dass er nie darauf geachtet hatte. Doch das sollte nun anders werden.

In der Schulpause nahm Namu den grünen Bleistift und legte ihn heimlich auf Amars Platz. Er heftete einen Zettel daran, auf den er schrieb: „für den lieben Amar".

Nach der Pause fand Amar sogleich den Stift. Sein Gesicht strahlte – er freute sich offensichtlich sehr darüber.

Als die Schule aus war, ging Amar geradewegs zu Namu, zeigte ihm den Stift und sagte:

„Schau mal, was ich Schönes geschenkt bekommen habe! Der Stift ist wunderschön – und grün, das ist meine Lieblingsfarbe! Kann es sein, dass das Geschenk von dir kommt?"

Mit der gleichgültigsten Unschuldsmiene, die ihm möglich war, versuchte Namu schnell von etwas anderem zu reden. Er mochte nicht gerne zugeben, dass das Geschenk von ihm kam. Sonst würde er vielleicht stolz darauf sein, ein passendes Geschenk gefunden zu haben. Er wollte aber nicht stolz sein, sondern dankbar und deshalb das kleine Geheimnis für sich behalten.

Amar drängte zum Glück nicht weiter auf eine Antwort. Auf dem Nachhauseweg waren sie beide sehr vergnügt. Amar freute sich über den neuen Bleistift und Namu freute sich, dass es ihm endlich gelungen war, etwas zu verschenken, worüber sich der andere freute.

Einige Zeit später ergab sich bereits die nächste Gelegenheit, etwas zu verschenken. In der Schule hatten alle in Namus Klasse ein kleines Weidenkörbchen gebastelt. Das von Amar war besonders gut gelungen und er meinte deshalb zu Namu:

„Weißt du was, das Körbchen könnte ich meiner Mutter schenken. Wenn sie Fladenbrote backt, kann sie diese in das Körbchen tun. Das ist doch eine gute Gelegenheit, *Daan* zu üben, oder?"

„Das ist eine prima Idee, Amar. Aber mein Körbchen ist nicht so schön wie deines. Meinst du, meine Mutter freut sich trotzdem darüber?"

Amar sah sich das Körbchen von Namu an und bot ihm sogleich seine Hilfe an. Mit seinen geschickten Händen benötigte er nur einige Handgriffe und schon sah das Körbchen deutlich gleichmäßiger aus.

„Jetzt müsste es gehen, Namu. Ich bin gespannt, ob ihr das Geschenk gefällt."

„Ich auch – und vielen Dank für deine Hilfe. So, wie es vorher aussah, hätte ich es mich gar nicht zu verschenken getraut. Aber jetzt freue ich mich darauf."

Am nächsten Tag tauschten die beiden Freunde gleich ihre Neuigkeiten aus. Bei beiden hatte sich die Mutter sehr gefreut. Amars Mutter hatte sogar am gleichen Abend noch Fladenbrote gebacken, um das Körbchen sofort einzuweihen. Der Mutter von Namu fielen zahlreiche Möglichkeiten ein, wofür sie das Körbchen verwenden konnte. Amar meinte:

„Schenken macht richtig Spaß. Wenn sich ein anderer freut, kann man sich gleich mitfreuen. Dann hat man die doppelte Freude. Geht es dir auch so?"

„Oh ja, das habe ich auch schon gemerkt. Hoffentlich ergibt sich bald wieder eine Gelegenheit."

In den darauffolgenden Wochen ergaben sich noch einige Gelegenheiten, um zu teilen und zu schenken. Irgendwann geschah folgende Begebenheit:

Namu hatte einen großen, süßen Apfel mit in die Schule bekommen, was etwas ganz Besonderes war. Äpfel wuchsen nicht in ihrer Gegend und mussten von weither geholt werden. Deshalb waren sie selten und nicht ganz billig. Es gab einen Jungen in Namus Klasse, dessen Eltern so arm waren, dass sie sich keine Äpfel leisten konnten. Namu überlegte, diesem Jungen seinen Apfel zu geben. Dann hätte er allerdings selbst nichts mehr zu essen gehabt. Es gab jedoch auch die Möglichkeit, mit ihm zu teilen. Namu versuchte, die Frucht in zwei Hälften zu teilen. Doch so sehr er sich auch bemühte, es gelang ihm nicht. Schließlich wandte er sich an einen Lehrer. Der trug ein Taschenmesser bei sich und konnte ihm damit helfen. Namu bedankte sich herzlich und setzte sich mit seinem Schulkameraden auf eine Bank. Zufrieden und mit strahlenden Gesichtern aßen sie nun beide einen halben Apfel. Der Schulfreund biss ganz kleine Stückchen ab und schloss beim Kauen die Augen, damit ihm nicht eine Kleinigkeit des guten Geschmacks entging. Namu meinte, dass ihm noch nie ein Apfel so gut geschmeckt hätte wie dieser. Wie doch alles viel schöner und besser war, wenn man teilte.

Kurz darauf kam der Lehrer mit dem Taschenmesser zu Namu und sagte zu ihm:

„Ich habe beobachtet, wie gern du mit anderen teilst. Da, nimm das Taschenmesser, du wirst es sicherlich noch oft brauchen. Bei dir erfüllt es einen guten Zweck."

Überrascht sah Namu den Lehrer an. Ein Taschenmesser – was für ein Geschenk! Damit würde er jetzt alles teilen können, was er wollte. Seine Augen leuchteten vor Freude, als er sich beim Lehrer überschwänglich bedankte.

Bald darauf besuchte Namu den großen Fakir Mahmud. Er hatte ihn nun schon länger nicht mehr gesehen und es gab viel zu erzählen. Namu berichtete von seinen gelungenen Versuchen, *Daan* zu üben. Zuerst von dem grünen Bleistift, den er Amar geschenkt hatte, und wie er dadurch lernte, viel mehr zu beobachten, was dem anderen gefällt. Dann, wie Amar und er mit den selbst gebastelten Körbchen ein passendes Geschenk für ihre Mütter gefunden hatten. Schließlich erzählte er von seinen Überlegungen, mit wem er seinen Apfel teilen könnte, welche Freude dann beim Teilen entstand und wie er daraufhin ein Taschenmesser geschenkt bekam.

Aufmerksam hörte Mahmud zu und freute sich über die Erfolge seines jungen Schützlings. Er erklärte ihm anschließend:

„Lieber Namu, du hast nun selbst erfahren, welche Freude beim Teilen entsteht. Du klammerst dich nicht mehr an das, was dir gehört, sondern bist gerne bereit, dich davon zu lösen und etwas davon herzugeben. Du erwartest nichts dafür, sondern bist glücklich und dankbar, wenn der Beschenkte deine Gabe annimmt."

Mahmud nickte sichtlich zufrieden. Da fiel ihm etwas ein, was Namu bei all seinen Übungen noch nicht erfahren hatte. Deshalb erzählte er ihm nun eine kleine Begebenheit, die er selbst einmal erlebt hatte:

„Wenn man *Daan* übt, kann man auch Geld verschenken, wenn man etwas übrig hat. Man ist aber dafür verantwortlich, was der andere damit macht. Einmal gab ich einem Bettler etwas Geld. Der hatte nichts Besseres zu tun, als sich davon Alkohol zu kaufen und sich zu betrinken. Damals war ich sehr traurig darüber, weil ich etwas Gutes tun wollte, aber nichts Gutes dabei herauskam. Von da an überlegte ich mir genauer, wem ich etwas geben wollte, und überzeugte mich, dass das Geld nicht für Unfug ausgegeben wurde. Das solltest du auch beachten."

Bisher hatte Namu noch nie Geld verschenkt, weil er nur selten welches hatte. Den Rat von Mahmud wollte er sich für später merken. Nachdem der weise Fakir überzeugt war, dass Namu alles verstanden hatte, fuhr er fort:

„Du hast inzwischen gelernt, dir vor dem Verschenken zu überlegen, was dem anderen gefallen könnte. Du beschäftigst dich mit ihm und dadurch wächst deine Liebe zu ihm. Das hast du sicherlich gemerkt, als du nach einem Geschenk für Amar gesucht hast, nicht wahr?"

„Ja, das stimmt. Wir kennen uns seither viel besser und mögen uns sehr. Auch die anderen in unserer Klasse hab ich ein wenig beobachtet, um ihnen auch einmal eine Freude machen zu können",

erwiderte Namu ganz begeistert. Es war ihm auch schon aufgefallen, dass er jetzt alle viel lieber mochte. Mahmud meinte daraufhin:

„Wenn du immer mehr Menschen magst, ist das schon ein Teil von Nächstenliebe. Nächstenliebe ist sehr wichtig und es ist gut, wenn sie immer weiter anwächst.

Jetzt werde ich dir noch etwas Besonderes beim Üben von *Daan* verraten:

Dass du ein Taschenmesser geschenkt bekommen hast, war kein Zufall. Wenn du *Daan* eine Zeitlang übst, dann werden andere Menschen ebenfalls großzügig zu dir sein. Wichtig dabei ist nur, dass du nie etwas für selbstverständlich hältst – alles ist ein Geschenk von Gott. Verstehst du das?"

„Du meinst, wenn ich Dinge verschenke, dann fangen andere an, mir auch etwas zu schenken?",

fragte Namu überrascht, um dann sofort weiter aufmerksam zu lauschen. Mahmud bestätigte.

„Ja, aber nur, wenn du immer bescheiden bleibst und nichts erwartest. Betrachte denjenigen, dem du etwas gibst, als den Größeren. Ohne ihn wäre es dir nämlich nicht möglich, *Daan* zu üben. Sei dankbar, wenn er deine Gabe annimmt. Wenn du auf diese Weise *Daan* übst, wird immer für dich gesorgt sein."

Namu war begeistert:

23

„Das ist ja wunderbar. Wenn das alle wüssten, dann wäre es für alle leicht. Dann müsste sich keiner mehr Gedanken machen, ob er gut versorgt wird."

Mahmud blickte, als könnte er in die Zukunft sehen, und sagte:

„Ja, das ist wahr. Vielleicht wirst du später dafür sorgen, dass viele Menschen davon erfahren werden. Doch bis dahin gibt es für dich noch einiges zu lernen. *Daan* war der erste Punkt auf unserem Pfad. Wenn du fleißig weiterübst, wirst du *Daan* irgendwann wie von allein stets einhalten. Geben und Erhalten kommen dann ins Gleichgewicht und du wirst merken, welch herrlicher Kreislauf das ist."

Namu übte nun lange Zeit und seine Freude nahm dabei immer mehr zu. In Amar hatte er einen Freund gefunden, mit dem er seine Erfahrungen austauschen konnte, denn Amar hatte auch große Freude daran, *Daan* zu üben. Eines Tages war es endlich so weit, dass Mahmud zu beiden sagte:

„Ich bin sehr zufrieden mit euch. Wenn ihr morgen wiederkommt, werden wir uns dem zweiten Punkt vom Fünffachen Pfad zuwenden."

# Tapa

Voll freudiger Erwartung gingen Namu und Amar am frühen Nachmittag des folgenden Tages zum großen Tempel. Sie fanden den ehrwürdigen Fakir, wie er im Garten gemessenen Schrittes spazieren ging. In der Hand hielt er eine Art Perlenkette und während sie durch seine Finger glitt, murmelte er etwas vor sich hin.

Die beiden Jungen blieben respektvoll in einiger Entfernung stehen und warteten, bis Mahmud sich ihnen von selbst zuwandte. Es dauerte nur kurze Zeit, bis es so weit war. Der weise Fakir verstaute seine Kette in einer Tasche, forderte die beiden auf, sich mit ihm unter einen Baum zu setzen, und begann zu sprechen:

„Wenn man zu Gott will, ist das Einhalten verschiedener Disziplinen sehr ratsam. *Tapa*, der nächste Punkt auf unserem Pfad, beinhaltet Selbstdisziplin und geistige Disziplinen. Das sind Hilfen, die es uns ermöglichen, dass unser Inneres stark wird - so stark, dass uns nichts mehr von Gott ablenken kann."

„Oh je, jetzt wird es wohl schwieriger",

dachte sich Namu. Schon der Ton, wie Mahmud gesprochen hatte, klang richtig diszipliniert. Ob Amar immer noch Lust hatte, weiterzumachen? Doch Amar schien davon nicht beeindruckt. Er sah Mahmud bittend an und fragte ihn:

„Lieber Fakir, darf ich das auch lernen? Ich habe auch schon ganz viel *Daan* geübt. Das hat mir sehr gut gefallen und mir geht es seitdem so gut. Bitte, darf ich auch alles über den Fünffachen Pfad erfahren?"

Mahmud blickte gütig auf Amar und mit veränderter, liebevoller Stimme antwortete er ihm:

„Auf deine Bitte habe ich bereits gewartet. Es freut mich sehr, dass du Namu auf seiner Reise zu Gott begleiten möchtest. Du solltest allerdings wissen, dass es nicht ausreicht, mir zuzuhören, sondern du musst die Dinge selbst üben, denn du willst ja auch selbst erfahren."

Amar blieb begeistert:

„Das habe ich schon gemerkt, als ich *Daan* übte. Aber es hat viel Spaß gemacht und wir hatten viel Freude dabei, stimmts, Namu?"

Zustimmend nickte Namu mit dem Kopf. Noch bevor er Näheres dazu sagen konnte, begann Mahmud weiter über *Tapa* zu sprechen:

„Selbstdisziplin hört sich vielleicht etwas schwierig an. Man kann sie jedoch in kleinen Schritten üben. Dann gelingt es euch jeden Tag ein bisschen besser. Die erste Aufgabe besteht darin, eure täglichen kleinen Pflichten ernst zu nehmen und sie gewissenhaft und vor allem mit Freude auszuführen. Das bedeutet zum Beispiel: rechtzeitig aufzustehen, die Hausaufgaben ordentlich zu erledigen, zu Hause aufzuräumen usw. Euch fällt bestimmt noch mehr ein. Nun – frohes Gelingen."

Nach diesen Worten nickte Mahmud den beiden Jungen aufmunternd zu und entfernte sich.

Namu blickte nicht besonders begeistert und meinte:

„Aufräumen, Hausaufgaben – das sind nicht gerade meine Lieblingsbeschäftigungen!"

Frohgemut antwortete Amar:

„Na ja, umso schöner wäre es, wenn es uns gelingen würde, Spaß daran zu haben."

„Du hast recht, lieber Amar. Ich bin wirklich froh, dass wir jetzt zusammen üben können. Dann können wir uns gegenseitig anspornen."

Die nächsten Wochen verbrachten die beiden damit, *Tapa* zu üben. Namu und Amar erledigten jetzt ihre Hausaufgaben immer so bald wie möglich. Auch wenn sie sich zunächst überwinden mussten, merkten sie bald, dass sie dadurch den Nachmittag viel mehr genießen konnten. Das Aufräumen ihrer Sachen beanspruchte überraschend wenig Zeit, weil sie sich jetzt regelmäßig darum kümmerten. Außerdem merkten sie, dass man sich in einer ordentlichen Umgebung viel besser fühlt.

Bei Gelegenheit erklärte ihnen Mahmud:

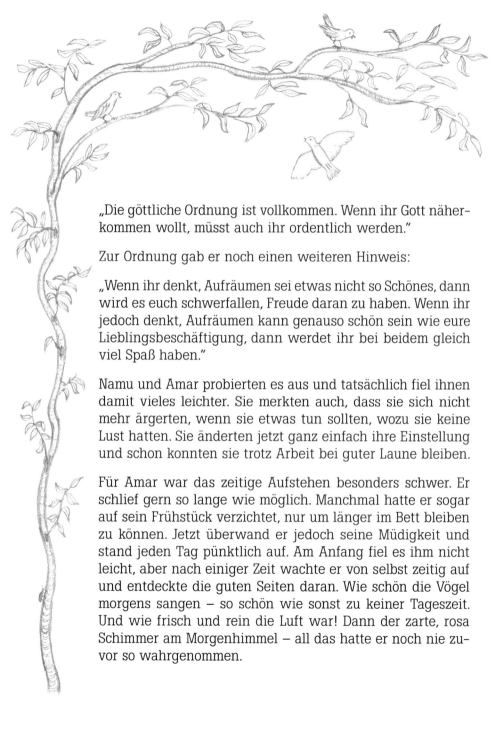

„Die göttliche Ordnung ist vollkommen. Wenn ihr Gott näherkommen wollt, müsst auch ihr ordentlich werden."

Zur Ordnung gab er noch einen weiteren Hinweis:

„Wenn ihr denkt, Aufräumen sei etwas nicht so Schönes, dann wird es euch schwerfallen, Freude daran zu haben. Wenn ihr jedoch denkt, Aufräumen kann genauso schön sein wie eure Lieblingsbeschäftigung, dann werdet ihr bei beidem gleich viel Spaß haben."

Namu und Amar probierten es aus und tatsächlich fiel ihnen damit vieles leichter. Sie merkten auch, dass sie sich nicht mehr ärgerten, wenn sie etwas tun sollten, wozu sie keine Lust hatten. Sie änderten jetzt ganz einfach ihre Einstellung und schon konnten sie trotz Arbeit bei guter Laune bleiben.

Für Amar war das zeitige Aufstehen besonders schwer. Er schlief gern so lange wie möglich. Manchmal hatte er sogar auf sein Frühstück verzichtet, nur um länger im Bett bleiben zu können. Jetzt überwand er jedoch seine Müdigkeit und stand jeden Tag pünktlich auf. Am Anfang fiel es ihm nicht leicht, aber nach einiger Zeit wachte er von selbst zeitig auf und entdeckte die guten Seiten daran. Wie schön die Vögel morgens sangen – so schön wie sonst zu keiner Tageszeit. Und wie frisch und rein die Luft war! Dann der zarte, rosa Schimmer am Morgenhimmel – all das hatte er noch nie zuvor so wahrgenommen.

Namu suchte sich jetzt eine weitere Disziplin aus. Seit einiger Zeit lernte er auf einer speziellen Flöte zu spielen, weil er hoffte, dass seine Schlange Zisch eines Tages dazu tanzen würde. Bisher hatte er recht unregelmäßig geübt. Jetzt nahm er sich vor, sich nicht mehr ablenken zu lassen und jeden Tag eine halbe Stunde dafür aufzuwenden. So wurde er bald besser und konnte die ersten einfachen Lieder spielen.

Zwischendurch hatten Namu und Amar immer wieder ihren weisen Lehrer Mahmud besucht. Von ihm bekamen sie weitere Ratschläge und Hilfen. Einmal sagte er:

„Es ist gut, wenn man sich ab und zu überwindet etwas zu tun, wozu man eigentlich keine Lust hat. Sich zu überwinden erzeugt innere Stärke. Und diese Stärke braucht ihr, wenn ihr zu Gott wollt."

Er machte ihnen einige Vorschläge, wie sie üben konnten, innerlich stärker zu werden. Er erklärte, dass es manchmal Gewohnheiten gibt, die so stark sein können, dass man kaum dagegen ankommt. Sie sollten versuchen, sich von solchen Schwachpunkten frei zu machen.

Auf Anhieb wusste Amar, wo er eine besondere Schwäche hatte. Er war gewohnt stets sogleich etwas zu essen, wenn er Hunger verspürte. Er wollte dann nicht eine Minute auf das Essen warten und konnte recht ungeduldig werden. Immer wieder ging er sogar heimlich in die Küche, um zwischendurch etwas zu naschen. Jetzt wollte er stärker sein als sein Essensdrang. Er gab dem Hunger nicht mehr sofort nach, wartete geduldig, bis seine Mutter ihm zu essen gab, und naschte nur noch ganz, ganz selten. Am Anfang war das gar nicht so einfach und als es ihm irgendwann endlich gelang, wäre er beinahe stolz auf sich gewesen. Gerade rechtzeitig fiel ihm ein, dass er nicht stolz sein sollte, und so war er dankbar, dass es ihm endlich gelungen war.

Als er Mahmud davon berichtete, erklärte ihm dieser, dass es vielen Menschen schwerfallen würde, auf etwas zeitweilig oder ganz zu verzichten. Deshalb würden die meisten im Tempel hin und wieder Fastenzeiten einlegen. Das stärkt den Willen, macht frei und reinigt nebenbei auch noch den Körper.

Namu wusste, dass sein besonderer Schwachpunkt darin lag, dass er sich nie freiwillig schlafen legte. Er hatte immer das Gefühl, als würde er während des Schlafens etwas verpassen. Jeden Tag mussten ihn seine Eltern mehrmals ermahnen, endlich ins Bett zu gehen. Manchmal las er im Bett auch noch ein spannendes Buch und dabei konnte er die Zeit völlig vergessen. Obwohl er offensichtlich wenig Schlaf brauchte, merkte man ihm an, wenn er sich zu wenig ausgeruht hatte. Oft gab er dann nur ganz kurze und manchmal sogar unfreundliche Antworten, wenn man ihn etwas fragte. Es war auch schon vorgekommen, dass er nach einer besonders kurzen Nacht in der Schule eingeschlafen war. Das wollte Namu jetzt ändern. Er bemühte sich, so zeitig ins Bett zu gehen, dass seine Eltern nichts mehr sagen mussten. Es dauerte ein paar Wochen, bis es ihm gelang, auch früher einzuschlafen. Am Anfang war er meist wach im Bett gelegen. Bald darauf merkte er, dass er bei genügend Schlaf viel ausgeglichener war, und wusste nun, dass Schlafen keine Zeitverschwendung ist. Von da an achtete er selbst darauf, genügend, aber auch nicht zu viel zu schlafen, eben so, dass es ihm dabei gut ging.

Obwohl Mahmud die beiden Jungen bisher nur selten gelobt hatte, tat er dies ausgiebig nach ihren Erfolgen. Bei der Gelegenheit überraschte er sie mit folgenden Worten:

„Es freut mich, wie fleißig ihr geübt habt. Daher werden wir heute über eine weitere Art von Disziplinen sprechen. Es handelt sich um geistige Disziplinen. Das sind Hilfen, die euch so oft wie möglich an Gott erinnern sollen. Bisher habt ihr euch darum bemüht, innerlich stärker zu werden. Die Stärke nützt euch jedoch nicht viel ohne ein Ziel. Das Ziel ist Gott."

Mahmud ging mit den beiden Jungen vom Tempelgarten in Richtung zum großen Tempel. Er führte sie auf die Rückseite, die dem

Dschungel zugewandt war. Besucher hielten sich normalerweise von diesem Bereich respektvoll fern. Er war den Mönchen und Yogis, den Priestern und anderen ernsthaft Suchenden vorbehalten. Amar war dort noch nie gewesen und auch Namu kannte sich hier nicht aus. Sie sahen nun etwas, was es auf der Welt wohl kein zweites Mal gab. In dem großen, parkähnlichen Garten standen viele kleine Gedenkstätten und Tempelchen so verteilt, als hätte sie jemand wie zufällig hineingestreut. In jedem davon schien Gott auf eine andere Weise verehrt zu werden. Im Park und am Ufer des Bachlaufs, unter den großen Schatten spendenden Bäumen und sogar weiter entfernt sah man Menschen, einer anders als der andere, die Gott auf ihre Weise verehrten.

Mahmud wartete, bis sich die erste Überraschung der beiden Jungen gelegt hatte, und fuhr dann fort:

„Hier in diesem Tempelbereich seht ihr Menschen, die verschiedene geistige Disziplinen durchführen. Geht hin und schaut euch an, was sie tun. Ihr könnt sie auch ansprechen, sie erklären euch gern den Sinn ihrer Übungen. Später können wir darüber reden, vielleicht wollt ihr ja auch etwas davon lernen."

Nach diesen Worten zeigte Mahmud den beiden, wo sie überall hingehen konnten. Danach ließ er sie allein.

Namu und Amar gingen zunächst ein Stück an der Tempelwand entlang. Hier im angenehm kühlen Schatten sahen sie verschiedene Übende. Namu wollte sich gleich dem ersten zuwenden, da sagte Amar überrascht:

„Hörst du das auch, Namu?"

Namu lauschte und antwortete:

„Ja, das klingt wie fröhlicher Gesang."

„Lass uns nachsehen, woher er kommt. Vielleicht ist Singen auch eine geistige Disziplin? Das würde ich mir sofort aussuchen",

31

begeisterte sich Amar und wandte sich sogleich zum Gehen. Namu folgte ihm, obwohl Singen nicht unbedingt zu seinen Lieblingsbeschäftigungen gehörte.

Sie erreichten einen offenen Seitentempel, in dem etwa zehn Personen saßen. Es gab einen Vorsänger, der einen kurzen Vers vortrug. Die anderen sangen anschließend im Chor das Gleiche nach. Die Lieder handelten von Gott, der auf vielfache Weise gepriesen wurde. Die Melodie war einfach und mitreißend und die Sänger klatschten oftmals im Takt mit.

Sofort gesellte sich Amar zum Chor und auf seinen fragenden Blick hin wurde er aufgemuntert mitzusingen. Schon nach Kurzem hatte er sich einige Teile der Melodie, die sich wiederholen, eingeprägt. An diesen Stellen konnte er in den Chor einstimmen. Amar hatte eine helle, wohlklingende Stimme und es war eine Freude, ihn zu hören.

Etwas zögernd setzte sich Namu daneben. Er wusste, dass er kein so guter Sänger war, und blieb deshalb lieber ruhig. Viel lieber hätte er sich weiter umgesehen, welche Übungen die anderen Leute durchführten. Amar war jedoch vom Chor nicht mehr wegzubringen. Er ging völlig in der Musik auf und strahlte dabei über das ganze Gesicht. Während einer kurzen Pause beschlossen die beiden deshalb, dass Amar bei den Sängern bleiben sollte, während Namu allein weiterforschte.

So ging Namu zu den Übenden zurück. Es war ihm eigentlich ganz recht, dass Amar nicht mitkam, denn allein konnte er viel besser herausfinden, was er selbst am meisten mochte.

Der erste Übende, dem er begegnete, war ein Mann mit einem langen Bart. Er saß auf einer Decke am Boden, hatte die Augen geschlossen und strahlte dabei, als würde er soeben etwas

Wundervolles erblicken. Was er wohl gerade erlebte? Namu wagte nicht ihn anzusprechen und überlegte sich, vielleicht später noch einmal vorbeizukommen.

Der nächste Mann, den Namu sah, führte verschiedene Körperhaltungen aus. Er tat dies ganz langsam und gleichmäßig und schien sich dabei zu konzentrieren. Währenddessen zeigte er ein zufriedenes Lächeln. Es sah aus wie Hatha-Yoga, von dem Namu schon gehört hatte. Dieses Mal traute er sich den Übenden anzusprechen:

„Entschuldigen Sie, darf ich Sie stören?"

Der Mann beendete seine Übung und wandte sich Namu zu:

„Du störst keineswegs, junger Mann. Für mich kommt der Mensch immer zuerst, dann erst jegliche Übung. Ich habe für dich also so viel Zeit, wie du möchtest."

„Das ist schön",

freute sich Namu,

„ich wollte Sie gerne fragen, ob das Hatha-Yoga ist, was Sie üben?"

Mit strahlendem Gesicht bestätigte der Mann:

„Ja, das ist es. Hatha-Yoga ist für mich etwas Besonderes. Mit den Übungen lerne ich meinen Körper besser kennen, halte ihn gesund und beweglich. Innen werde ich dabei ganz ruhig. Beim Üben versuche ich an Gott zu denken. Gott gibt mir die Kraft, die Bewegung auszuführen. Ist das nicht herrlich?"

Namu war begeistert:

„Oh ja, das gefällt mir. Wenn Mahmud einverstanden ist, würde ich das auch gerne lernen."

„Ah, Mahmud schickt dich. Dann bist du ja in besten Händen. Sende ihm meine Grüße. Mein Name ist Yogindra."

„Das mach ich gern. Aber nun will ich weiter. Ich hoffe, wir sehen uns bald wieder, Yogindra. Mein Name ist übrigens Namu. Man nennt mich auch den kleinen Fakir."

Yogindra sah dem eifrigen Jungen noch eine Weile nach und widmete sich dann weiter seinen Übungen. Inzwischen hatte Namu den nächsten Mann erreicht. Der saß auf einer Decke am Boden und hielt sich das rechte Nasenloch zu. „Wahrscheinlich ist er erkältet und kann nur auf einer Seite atmen", dachte sich Namu. Doch da öffnete der Mann das Nasenloch und hielt nun die linke Seite zu. Offensichtlich bekam er aber schlecht Luft, denn nun schloss er wieder die rechte Seite. Voller Mitleid sprach ihn Namu an:

„Meine Mutter tröpfelte mir Salzwasser in die Nase, als ich einmal eine Erkältung hatte. Danach bekam ich gleich wieder besser Luft. Vielleicht sollten Sie das auch ausprobieren."

Der Mann nahm seine Hand von der Nase, schaute Namu überrascht an und fing dann so lauthals zu lachen an, dass er sich fast den Bauch halten musste. Namu wusste nicht, was an seinen Worten so komisch war, doch da wurde er schon aufgeklärt:

„Du scheinst ein recht fürsorglicher Junge zu sein. Aber ich brauche ganz bestimmt kein Salzwasser. Es sind Atemübungen, die ich durchführe. Die Übung, die du gesehen hast, bewirkt unter anderem, dass man keine Erkältung mehr bekommt. Bei anderen wird man ruhiger oder erhält mehr Energie. Es gibt viele verschiedene Atemübungen. Alle haben jedoch eines gemeinsam: Man denkt dabei an Gott. Durch den Atem erhält er uns am Leben. Der Atem ist wie ein Bindeglied zwischen Gott und uns."

Namu fand das sehr interessant und bedankte sich herzlich. Schon lockte der nächste Übende, dem er sich zuwandte.

Dieses Mal war es eine Frau, die eine Kette zwischen ihren Fingern gleiten ließ. Das hatte Namu bereits einmal bei Mahmud gesehen. Wie er murmelte die Frau dabei etwas und Namu trat näher, um sie verstehen zu können. Er vernahm eine einfache, gleichmäßige Melodie. Die Sprache war allerdings etwas anders als seine eigene. Der kleine Fakir fragte:

„Entschuldigung, ich wollte gerne wissen, was Sie da singen?"

Die Frau sah den Jungen liebevoll an und antwortete:

„Ich singe Mantras. Das sind Lobpreisungen an Gott. Siehst du die Kette? Sie hat 108 Perlen. Bei jeder singe ich ein Mantra und bei 108 bin ich fertig. Das tue ich jeden Tag."

Ehrfürchtig sah sich Namu die Kette an. Die Perlen waren zu einem Kreis aufgefädelt. Eine Perle befand sich außerhalb, sodass man wusste, wo Anfang und Ende war. Namu wollte wissen, warum es ausgerechnet 108 Perlen waren, und er bekam Folgendes zur Antwort:

„Eigentlich müsste man Gott endlos preisen. Das ist aber kaum möglich. 108 ist eine heilige Zahl und bedeutet so viel wie ewig - ohne Ende. Ich singe daher 108 Mal und drücke damit aus, dass ich Gott ewig preisen will."

Namu fragte weiter:

„Wenn Sie Gott ewig preisen wollen, warum tun Sie das dann in einer anderen Sprache?"

„Die Sprache ist Sanskrit. Das ist eine ganz, ganz alte Sprache. Sie wurde in uralten Zeiten nur von weisen und oft auch heiligen Menschen verwendet. Wenn die Weisen voller Hingabe Gott verehrten, taten sie das in Sanskrit. So entstanden die meisten Mantras, die noch heute gesungen werden. Die heiligen Worte haben durch ihren besonderen Klang und durch die lange, lange Zeit, die sie so hingebungsvoll gesungen wurden, riesengroße Kraft. Deshalb werden sie nicht übersetzt."

„Das ist ja wirklich sehr interessant. Meinen Sie, dass ich das auch lernen kann?",

fragte Namu. Die Frau antwortete:

„Ja, natürlich. Jeder, der auf der Suche nach Gott ist, kann Mantras lernen. Allerdings wirst du etwas üben müssen, denn die genaue Aussprache und der richtige Rhythmus sind sehr wichtig."

Das traute sich Namu durchaus zu und freute sich schon darauf, irgendwann Mantras lernen zu dürfen. Doch nun wollte er weiter auf seinem Rundgang. Er traf noch viele Übende mit den verschiedensten Disziplinen. Da gab es welche, die lasen in ihren heiligen Schriften, manche sogar mehrmals am Tag, wie er von ihnen erfuhr. Einige sprachen bestimmte Gebete, die sie auswendig konnten, obwohl sie sehr lang waren. Andere führten körperliche Übungen aus, allerdings nicht die gleichen wie Yogindra beim Hatha-Yoga. Dann erreichte Namu etwas abseits einen Bogenschützen, umgeben von einigen Schülern. Der Lehrer konnte mit geschlossenen Augen aus großer Entfernung einen Pfeil mitten ins Ziel schießen. Er sagte dazu, Gott sei in der Mitte. Aber er erklärte nicht, was er damit meinte, er sagte, das müsse man selbst herausfinden.

Sehr außergewöhnlich erschien Namu ein Fakir auf einem Nagelbrett. Namu fragte ihn, ob er dort immer sitzen würde. Der Fakir antwortete ungerührt:

„Oh nein, hier sitze ich nur tagsüber. Nachts lege ich mich in den Dornenstrauch hinter mir, das ist gemütlicher."

Namu fand nicht, dass der Dornenstrauch gemütlich aussah. Er fasste in die Dornen, sie piksten ungemein. Auch das Nagelbrett untersuchte er und konnte es kaum begreifen, wie man darauf liegen kann. Mutig probierte er es ganz vorsichtig aus. Das tat ziemlich weh und er beschloss, ein Fakir ohne Nagelbrett zu werden. Als er den Fakir auf dem Nagelbrett fragte, warum er so etwas Ungemütliches tue, erhielt er zur Antwort:

„Ich habe viele, viele Jahre lang verschiedene Disziplinen geübt. Immer wieder wurde ich jedoch schwach und fiel in alte Gewohnheiten zurück. Es waren keine guten Gewohnheiten, die ich hatte, und jedes Mal erfüllte mich große Reue, wenn ich Dinge tat, die nicht gut für mich und nicht gut für andere waren. Eines Tages entschloss ich mich deshalb für das Nagelbrett und hoffte, dass ich dadurch stark genug werde. Zuerst taten mir die spitzen Nägel sehr weh, aber ich wehrte mich nicht gegen den Schmerz.
Ich wollte ihn tapfer ertragen, auch weil ich hoffte, dass mir damit meine Fehler vergeben werden. Jetzt machen mir die Nägel nichts mehr aus.

Ich weiß, dass ich meine Schwächen überwunden habe, und meine große Sehnsucht nach Gott ist inzwischen fast erfüllt. Daher werde ich wohl nicht mehr lange auf dem Nagelbrett bleiben."

Während der Fakir dies erzählt hatte, war sein Blick wie in eine ferne Vergangenheit gewandert. Jetzt sah er Namu mit strahlenden Augen liebevoll an und meinte zu ihm:

„Weißt du, mein Junge, so etwas ist nicht für jeden. Ich war ein Schwächling, aber einer, der unbedingt zu Gott wollte. Da habe ich mir nicht anders zu helfen gewusst. Bei mir hat es viel bewirkt, einem anderen würde es vielleicht gar nichts nützen. Jeder Mensch ist nun mal anders."

Voller Bewunderung sah Namu den Fakir an. Er war kräftig gebaut und hatte einen sicheren, festen Blick. Für Namu war es unvorstellbar, dass dieser Mann einmal ein Schwächling gewesen sein sollte. Er bedankte sich herzlich für das Gespräch, das der Fakir so ehrlich und offen mit ihm geführt hatte.

Bei so viel Interessantem verging die Zeit wie im Flug. Es dämmerte bereits und Namu musste den Heimweg antreten, bevor es dunkel wurde. Er hielt nach Amar Ausschau. Der hatte offensichtlich den gleichen Gedanken und kam ihm schon entgegen. Es gab viel zu erzählen. Amar war bei den Sängern geblieben, bis sie etwa eine Stunde später aufgehört hatten. Dann kam ein anderer Chor, der ganz andere, fremdartige Lieder sang. Dieses Mal gab es keinen Vorsänger, dafür wurde mehrstimmig gesungen. Das hörte sich wundervoll, aber auch etwas schwierig an. Amar wollte dies ebenfalls unbedingt lernen.

Später hörte er in einem anderen kleinen Seitentempel eine Musikgruppe spielen. Das zog ihn wie magnetisch an. Was er dort sah, berauschte ihn völlig. Ein Mädchen, wunderschön anzusehen, übte zu den Klängen einen Tempeltanz ein. Wie Amar erfuhr, hieß sie Sundari und sie tanzte nur für Gott.

38

Namu und Amar hätten noch lange ihre Beobachtungen austauschen können, doch sie mussten nach Hause. Am nächsten Tag, gleich nach der Schule und ihren *Tapa*-Pflichten, kehrten sie zum Tempel zurück. Hier suchten sie sogleich ihren geliebten Lehrer auf. Er hörte sich ihre begeisterten Berichte an und bremste dann ihren Eifer etwas:

„Es scheint euch ja sehr beeindruckt zu haben. Wie es aussieht, wollt ihr wohl am liebsten alles lernen. Ihr solltet euch jedoch auf Weniges beschränken. Sonst geht es euch wie dem Wanderer, der alle Wege gehen will und dadurch sein Ziel lange nicht erreicht."

„Ich will nur singen!",

warf Amar ein, noch ehe er gefragt wurde. Mahmud lächelte dazu, als hätte er das längst gewusst.

„Du willst also für Gott singen, lieber Amar. Das ist sehr schön. Und was hast du dir ausgesucht, kleiner Fakir?"

Mahmud sah bei diesen Worten Namu an. Der sah sehr nachdenklich aus und antwortete nach einigem Überlegen:

„Lieber Mahmud, du weißt, dass es mein größter Wunsch ist, Gott näherzukommen. Du weißt, wie ich das am schnellsten erreiche. Sag du mir, was für mich am besten ist – ich will es tun."

Liebevoll erwiderte der weise Fakir seinem Schützling:

„Deine Sehnsucht nach Gott ist groß. Du wirst dein Ziel erreichen."

Nach einer kleinen Pause fuhr er fort:

„Suche dir etwas für den Körper aus, damit du Kontrolle über ihn erhältst. Weiter empfehle ich dir, Mantras zu lernen."

Namu freute sich über die Worte von Mahmud, vor allem über die Zusicherung, dass er sein Ziel erreichen würde. Er war auch erleichtert, dass er nicht auf einem Nagelbrett sitzen oder sonst etwas Ungemütliches tun sollte. Daher antwortete er frohgemut:

„Für den Körper würde ich gerne Hatha-Yoga bei Yogindra lernen, wenn es recht ist."

Damit war Mahmud einverstanden, auch wenn es etwas unüblich für einen angehenden Fakir war. Von nun an gingen Namu und Amar regelmäßig zum Tempel. Zweimal in der Woche übte Amar bei den Sängern und ebenso oft wurde Namu im Hatha-Yoga unterrichtet. Mahmud lehrte die beiden ein Mantra, das sie von da an täglich übten. Sie hatten sich dazu selbst Ketten gefertigt, allerdings nicht mit 108, sondern nur mit 27 Perlen. Mahmud meinte, das genüge für den Anfang. Sie hatten die 108 dann eben erst nach 4 Tagen erreicht.

Mit ihren *Tapa*-Übungen war inzwischen über ein Jahr vergangen. Eines Tages erklärte ihr gütiger Lehrer:

„Beim Üben von *Tapa* ist es ähnlich wie beim Schulbesuch. So schnell hat man nicht ausgelernt. Allerdings wird es mit der Zeit nicht schwerer, sondern zusehends schöner, und das Leben wird immer freier und leichter."

Auch wenn es offensichtlich noch viel zu erreichen gab, hatten Namu und Amar bereits jetzt das Gefühl, Gott wirklich ein bisschen nähergekommen zu sein. Sie dachten nun viel häufiger an ihn. Auch wurden sie innerlich ruhiger und hatten oft sehr gute Gedanken und Gefühle. Sie freuten sich schon darauf, bald den nächsten Punkt des Fünffachen Pfades erfahren zu dürfen.

# Karma

„Heute werden wir uns dem nächsten Punkt des Fünffachen Pfades zuwenden."

Namu und Amar lauschten aufmerksam, während sie mit Mahmud im Tempelgarten saßen. Der weise Fakir begann zu erklären:

„Alle Menschen wollen ein glückliches und schönes Leben haben. Haben sie es nicht, dann fragen sie sich, warum. Die Lösung ist einfach: Es gibt nämlich ein Gesetz auf unserer Erde, das sich *Karma* nennt. *Karma* bedeutet, dass du erntest, was du säst. Wenn du willst, dass es dir gut geht, dann liegt der Schlüssel darin, dass du dafür sorgst, dass es anderen gut geht. Das fällt später auf dich zurück und ergibt einen wundervollen Kreislauf."

„Ist das so ähnlich wie beim Üben von *Daan*? Wenn ich mit anderen teile, beginnen andere ja auch irgendwann mit mir zu teilen",

wollte Namu wissen. Mahmud bestätigte:

„Ja, so ähnlich. Das *Karma* wirkt aber nicht nur beim Schenken. Wenn du anderen hilfst, wird man dir helfen, machst du jemanden glücklich, wird dich jemand glücklich machen. Tust du anderen Gutes, werden andere dir Gutes tun. Natürlich geschieht dies auch beim Gegenteil. Nimmst du anderen etwas weg, wird dir etwas weggenommen. Ob du Gutes tust oder nicht, alles fällt auf dich zurück."

Amar warf ein:

„Dann ist es ja nicht nur unrecht, sondern auch dumm zu stehlen, wenn einem danach auch wieder etwas weggenommen wird."

„Ja, da hast du recht. Manche Menschen haben das vergessen, weil zwischen der Tat und dem, was auf einen zurückfällt, oftmals einige Zeit vergeht. Manchmal sind es Tage, Wochen, Jahre oder auch ein späteres Leben. Es kann dann sein, dass es jemand nicht gut geht, und er jammert und findet es ungerecht. In Wirklichkeit ist er daran selbst schuld, er hat es selbst verursacht."

Mahmud legte eine kleine Pause ein und erklärte danach weiter:

„Wenn ihr also wollt, dass es euch gut geht, könnt ihr das selbst steuern. Versucht von nun an Gutes zu tun, sobald sich euch die Gelegenheit dazu bietet, und zwar ohne dafür eine Gegenleistung zu erwarten. Das ist eure nächste Aufgabe."

Namu und Amar schauten sich zufrieden an. Gutes zu tun war eine leichte und angenehme Aufgabe. Sofort begannen sie nach Möglichkeiten Ausschau zu halten.

Schon am nächsten Tag ergab sich eine Möglichkeit. In der Nachbarschaft von Namu lebte ein Mann, dessen alte Mutter sehr krank war. Sie lag in einem Krankenhaus in der nächstgelegenen Stadt. Der Mann wollte sie gerne besuchen, er konnte jedoch nicht weg, denn er besaß zwei Kühe, die versorgt werden mussten.

Namu erfuhr davon und bot dem Nachbarn an, sich am nächsten Tag – es war ein Wochenende - um seine Kühe zu kümmern. Jetzt musste er nur noch Amar dafür begeistern, denn zu zweit machte es viel mehr Spaß. Also ging er auf dem schnellsten Weg zu ihm.

Amar saß unter einem Baum, der vor dem Haus seiner Eltern stand. Er beendete gerade seine Mantraübungen, als Namu ihn ansprach.

„Ich weiß, wie wir Gutes tun können. Unser Nachbar braucht morgen Hilfe. Wenn du Lust hast, komm mit, er wird uns erklären, was wir tun können."

Sofort war Amar einverstanden und so suchten sie den Nachbarn auf. Der führte sie in den kleinen Stall zu den beiden Kühen. Namu und Amar sollten sie morgens und abends von Hand melken. Das konnten sie beide und es war auch nicht viel Arbeit, denn die Kühe gaben nur wenig Milch. Der Nachbar konnte beruhigt abreisen.

Am nächsten Morgen standen Namu und Amar zeitig auf und melkten die Kühe. Danach säuberten sie den Stall und schaufelten den frischen Kuhdung in einen Eimer. Aus dem Kuhdung formten sie Fladen und ließen diese in der Sonne trocknen. Getrockneter Kuhdung war bei ihnen ein beliebtes Brennmaterial.

Anschließend sollten die Kühe eigentlich etwas fressen. Auf der Weide vor dem Stall waren jedoch nur wenige vertrocknete Grashalme zu sehen. Das reichte den Kühen bestimmt nicht aus, um satt zu werden. Namu kam zuerst auf eine Idee:

„Wir könnten mit den Kühen spazieren gehen. Am Wegrand zum Tempel wächst genug Gras. Davon werden sie bestimmt satt."

Amar stimmte sofort zu:

„Gute Idee. Hier sind zwei Seile, die können wir ihnen um den Hals binden, damit wir sie führen können."

Das war schnell getan und schon verließen Namu und Amar den Stall. Beide führten eine Kuh am Seil hinter sich her. So marschierten sie Richtung Tempel. Sie waren alle begeistert, vor allem die Kühe, die schon lange kein so gutes Gras mehr gefressen hatten.

Da sie auf diese Art nur langsam vorankamen, dauerte es einige Zeit, bis sie das Tempelgelände erreichten.

Hier gab es ein eingezäuntes Stück Wiese, auf dem die Kühe weideten, die von den Tempelbewohnern gehalten wurden. Die beiden Kühe durften für ein paar Stunden mit auf die Weide. Dadurch hatten Namu und Amar Zeit, sich am Tempel ihren *Tapa*-Übungen zu widmen. Sie lernten jetzt zusätzlich einige Atemübungen. Diese waren einfach, halfen jedoch sehr, wenn man einmal unruhig war oder müde oder aufgeregt. So vieles konnte über den Atem ausgeglichen werden. Das war eine feine Sache.

Bevor die Jungen den Rückweg antraten, führte Amar seinen Freund noch zu einem bestimmten kleinen, offenen Seitentempel.

„Schau",

sagte er, während sie hinter einer dicken Säule vorsichtig hervorblickten,

„hier übt Sundari, die Tempeltänzerin. Ist sie nicht wunderschön?"

Während er das sagte, wurde sein Gesicht ganz rot. Namu tat so, als würde er nichts merken, und stimmte ihm eifrig zu. Dabei überlegte er sich, ob wohl alle Jungen im Gesicht rot werden, wenn sie ein Mädchen besonders schön finden. Das würde er sicherlich noch herausfinden.

So wundervoll das Mädchen auch tanzte, Namu und Amar mussten zu den Kühen zurück. Die Tiere waren jetzt satt und ließen sich willig an der Leine führen, sodass sie für den Rückweg nicht mehr allzu viel Zeit benötigten. Die Jungen melkten um die Wette und waren fast gleichzeitig fertig. Sie beschlossen, dass sie beide gewonnen hatten. Als sie anschließend nach Hause gingen, waren sie sehr zufrieden.

Nach dem Abendessen ging Namu zeitig zu Bett. Auch wenn er heute tatsächlich einmal müde war, widmete er sich ausgiebig seinem Abendgebet. Er dankte Gott für den wunderschönen Tag und dafür,

wie viel Freude es bereitete, Gutes zu tun. Auch dankte er, dass er sich um so liebe Kühe kümmern durfte. Irgendwie waren Kühe schon besondere Wesen. Wie willig sie sich melken ließen und mit ihrer Milch vielen Menschen halfen. Wie sie mit ihrem Dung für Brennmaterial sorgten. Wie sehr sie sich über das frische Gras freuten und wie bescheiden sie sich an der Leine führen ließen! Dabei hatten sie so große Kraft, viel mehr als ein Mensch. Eigentlich hatten sie es gar nicht nötig, dem Menschen zu dienen. Trotzdem taten sie es. Das Ganze erinnerte Namu an Worte von Mahmud:

„Wenn du zu Gott willst, ist es sehr, sehr wichtig, Liebe und Demut zu entwickeln. Wenn du wissen willst, was Demut ist, dann beobachte die Kühe."

Ja, jetzt verstand Namu. Demut war wohl, wenn man groß und stark wurde, das aber niemand merken ließ, sondern für andere da war – so wie die Kühe.

Namu hatte über seine Gedanken fast vergessen, dass er eigentlich sein Abendgebet sprechen wollte. Da bedankte er sich gleich noch für seine guten Gedanken und dass er ein bisschen mehr verstehen durfte. Zufrieden schlief er ein.

Am nächsten Morgen stand er zeitig auf, um sich wieder den Kühen zu widmen. Er betrachtete sie jetzt mit anderen Augen. Vor dem Melken streichelte er sie zärtlich und redete sogar mit ihnen. Amar, der ebenfalls wieder pünktlich erschienen war, sah ihn zwar etwas verwundert an, aber er sagte nichts dazu. Da ihnen nichts anderes einfiel, gingen sie nochmals mit den Kühen spazieren. Gegen Mittag brachten sie die Tiere in den Stall zurück, denn der Nachbar wollte zu der Zeit von seiner Reise zurückkehren. Als er ankam, bedankte er sich überschwänglich. Er hatte seiner alten Mutter in aller Ruhe Lebewohl sagen können, bevor sie in der Nacht in Frieden die Erde verlassen hatte. Es war für beide ein großes Geschenk gewesen, dass sie sich noch ein letztes Mal sehen konnten. Als kleines Dankeschön überreichte er Namu und Amar einige leckere Süßigkeiten.

Die Jungen freuten sich, dass es ihnen auf Anhieb gelungen war, Gutes zu tun. Allerdings kamen Namu kurz darauf Zweifel, ob es richtig gewesen war, die Süßigkeiten anzunehmen. Sie sollten doch nichts für ihre gute Tat erwarten. Als er Amar nach seiner Meinung fragte, war dieser auch unsicher. Es dauerte daher nicht lange, bis sie Mahmud aufsuchten. Anstatt gleich eine Antwort zu geben, fragte er sie:

„Habt ihr eurem Nachbarn geholfen, weil ihr gehofft habt, etwas dafür zu bekommen, oder habt ihr ihm geholfen, um etwas Gutes zu tun?"

Wie aus einem Mund antworteten die beiden:

„Wir wollten Gutes tun. Wir wollten nichts dafür."

Daraufhin erklärte Mahmud:

„Seht ihr, es kommt immer darauf an, warum man etwas tut. Wenn ihr jemandem helft, nur weil ihr denkt, etwas dafür zu erhalten, in welcher Form auch immer, dann ist das keine gute Tat, sondern eher ein Tauschhandel oder gar bloße Berechnung. Wollt ihr wirklich Gutes tun, so tut es aus Liebe. Gibt man euch dafür eine kleine Anerkennung wie die Süßigkeiten, die ihr bekommen habt, dann nehmt sie ruhig an. Wenn niemand etwas annehmen würde, wer könnte da noch Gutes tun? Es muss alles ins Gleichgewicht kommen."

Namu und Amar bedankten sich beim großen Fakir und waren froh, dass sie alles richtig gemacht hatten. Die Süßigkeiten hätten sie ohnehin nicht mehr zurückgeben können, die hatten sie längst aufgegessen.

Bald überlegten sie, was sie sonst noch Gutes tun konnten. Für Namu kam schon nach Kurzem eine neue Gelegenheit.

Wenn Namu von der Schule nach Hause ging, kam er stets an einem großen Baum vorbei. An einem seiner dicken Äste war eine Schaukel befestigt. Namu schaukelte unglaublich gerne und tat dies jeden Tag nach der Schule. Seit einiger Zeit musste er sich dazu aber immer beeilen, denn die kleine Schwester von Amar – sie hieß Ina - ging jetzt auch zur Schule und liebte die Schaukel ebenso. Namu war meistens schneller als sie, sodass sie stets warten musste, bis er fertig war.

Heute nahm sich Namu vor, Gutes zu tun, indem er Ina zuerst schaukeln ließ. Sie freute sich unglaublich darüber. Normalerweise war Ina ein eher ernstes Kind. Als sie nun jedoch schaukelte, bot sie einen zauberhaften Anblick. Ihre Augen strahlten, sie jauchzte und lachte, und dabei wippten ihre langen Haare und ihr Röckchen im

Wind. Namu hatte sie noch nie so froh gesehen und ihre Freude steckte ihn regelrecht an. Da dachte er sich, dass diese Freude tausendmal mehr wert ist, als wenn er es wieder einmal geschafft hätte, vor ihr zu schaukeln.

Später kamen Namu noch viele andere Gedanken dazu. Als er sich beim Schaukeln immer vorgedrängt hatte, fühlte er sich groß, stark und sogar ein bisschen stolz – aber glücklich war er dabei nicht. Als er Ina den Vortritt ließ, erlebte er große Freude. Namu dachte an die Kühe, die sich keinen Vorteil verschafften, nur weil sie so stark waren. Mahmud hatte einmal gesagt, dass dies etwas mit Demut zu tun hat. Vielleicht war es so, dass man mit immer mehr Demut auch immer mehr Freude und Glück und Zufriedenheit erleben konnte. Jetzt verstand Namu, warum Demut so wichtig ist: Umso mehr Demut, umso mehr gute Gefühle. Und mit guten Gefühlen ist das Leben eindeutig schöner und man ist Gott viel näher.

Von nun an ließ Namu das Mädchen meistens zuerst schaukeln und er konnte sich jedes Mal mit Ina freuen.

Einige Zeit danach erlebte Namu einen interessanten Tag. Seine Mutter wollte mit ihm in die Stadt fahren. Es war ein langer Weg dorthin. Zuerst gingen sie eine halbe Stunde zu Fuß zum Bahnhof. Dort wollten sie für die Fahrt mit dem Zug Fahrscheine kaufen. Doch am Schalter hatte sich bereits eine lange Schlange gebildet. Fünf Minuten vor der Abfahrt standen immer noch zwei Personen vor ihnen. Namu wurde ganz unruhig; der lange Fußweg, dann das lange Warten und jetzt würden sie vielleicht den Zug verpassen. Der Mann, der vor ihnen in der Reihe stand, bemerkte Namus Unruhe. Er sagte:

„Eigentlich könnte ich auch an einem anderen Tag in die Stadt."

Mit diesen Worten ließ er Namu und seine Mutter vor und ging davon. Als nun Namus Mutter an den Schalter kam, erhielt sie die letzten beiden Fahrkarten. Jetzt war es aber auch höchste Zeit für den Zug. Sie erreichten ihn als Letzte.

Während der Bahnfahrt, die fast eine Stunde dauerte, hatte Namu viel Zeit zum Nachdenken. Er überlegte sich, dass es vielleicht nicht nur Glück oder Zufall war, dass der Mann sie am Schalter vorgelassen hatte. Vielleicht lag es am Wirken des *Karma*-Gesetzes. Sie wurden vorgelassen. Namu hatte Ähnliches für Ina beim Schaukeln getan. Ob er heute erleben durfte, wie es ist, wenn man erntet, was man sät?

Wie dem auch war, Namu freute sich sehr darüber, jetzt im Zug zu sitzen. Als sie kurze Zeit danach die Stadt erreichten, hatte es seine Mutter sehr eilig. Sie wollte in kurzer Zeit vieles besorgen und musste dazu verschiedene Geschäfte aufsuchen. Eines fand Namu sehr uninteressant und wartete lieber vor dem Eingang. Als er sich ein wenig umsah, fiel ihm ein Bettler am Straßenrand auf. Es war ein magerer, alter Mann, der sicherlich schon lange nichts mehr gegessen hatte. Er brauchte dringend Hilfe. Namu wartete, bis seine Mutter das Geschäft verließ, und wollte sie sogleich zum Bettler führen. Aber die Mutter sah noch nicht einmal hin und meinte, dass sie jetzt keine Zeit habe. Das ließ Namu nicht gelten. Er ging zu dem alten Mann und setzte sich neben ihn. Jetzt musste die Mutter hinsehen und so sagte er:

„Wenn ich anstelle des Bettlers hier sitzen würde, hättest du dann auch keine Zeit?"

Da erschrak seine Mutter sehr und antwortete ihm:

„Du hast recht, lieber Namu. Ich habe in meiner Eile vergessen, was wirklich wichtig ist."

Daraufhin gab sie dem armen Mann so großzügig, wie es bei ihren bescheidenen Mitteln nur möglich war. Namu freute sich sehr. Nicht nur, weil dem Mann geholfen wurde, sondern auch, weil seine Mutter Gutes getan hatte. Das war doppelt schön.

Langsam wurde es Zeit für den Rückweg. Als sie zu Hause ankamen, war es draußen bereits dunkel. Glücklich und zufrieden mit dem schönen Tag bedankte sich Namu in seinem Abendgebet ganz herzlich dafür.

Für den nächsten Nachmittag hatten Namu und Amar ausgemacht, dass sie gemeinsam zum Tempel gehen wollten. Amar verehrte Gott inzwischen mit vielen verschiedenen Liedern, die er aus vollem Herzen sang. Namu machte beim Hatha-Yoga große Fortschritte. Er konnte jetzt zum Beispiel eine beliebige Yogahaltung einnehmen und darin bewegungslos verharren. Dabei wurde er innerlich so ruhig, dass er es schaffte, gleichzeitig an Gott zu denken. Namu und Amar widmeten sich wirklich fleißig ihren *Tapa*-Übungen.

Heute kamen die beiden jedoch nicht deswegen zum Tempel, sondern weil sie den ganzen Nachmittag mit Mahmud verbringen wollten. Sie trafen ihn im Tempelgarten, wo er unter einem großen, Schatten spendenden Baum saß. Die Jungen gesellten sich zu ihm und begannen sogleich begeistert über ihre Erfahrungen zu berichten. Dazu hatte Namu einige Fragen:

„Als wir dem Bettler in der Stadt helfen konnten, habe ich mich riesig gefreut. Später dachte ich darüber nach, warum er wohl auf so eine Art leben muss. Hat er früher schlechtes *Karma* erzeugt und muss es jetzt abtragen?"

Der weise Fakir antwortete:

„Wahrscheinlich ist das der Fall. Vielleicht hat er auch etwas zu lernen, was er nur auf diese Weise lernen kann. Aber das ist seine Sache. Für dich war es wichtig, dass du die Gelegenheit genutzt hast, ihm zu helfen."

Weiter fragte Namu:

„Dann ist es also immer gerecht und richtig, wie ein Mensch sein Leben verbringen muss?"

„Ja, bei Gott gibt es keine Ungerechtigkeit. Auch das *Karma*-Gesetz hat einen guten Grund. Es ist dazu da, dass wir lernen. Wenn du zum Beispiel einem anderen schadest, wird dir jemand schaden. Vielleicht geschieht dies einige Male, bis dir klar wird, dass es weder für dich noch für andere gut ist, jemandem zu schaden. Danach beginnst du möglicherweise anderen zu helfen, daraufhin wird dir geholfen und du merkst, wie schön das ist. Von allein beginnst du nun irgendwann Gutes zu tun und wirst dabei ein besserer Mensch."

Aufmerksam lauschten Namu und Amar den Worten von Mahmud. Sie fanden alles unglaublich interessant. Nun hatte Amar noch etwas auf dem Herzen. Einer seiner Versuche, Gutes zu tun, endete unerfreulich, was ihn sehr beschäftigte. Er berichtete:

„Meine kleine Schwester Ina hat eine Strohpuppe, die sie sehr liebt. Neulich wollte ich Gutes tun und die Puppe reparieren, weil sie nicht mehr schön aussah. Noch bevor ich damit fertig war, wollte Ina sie zurückhaben. Ich wollte aber unbedingt meine gute Tat beenden und so kam es, dass ich die Strohpuppe am Arm festhielt, während Ina sie mir wegnehmen wollte. Da ist der Arm abgerissen. Ina hat deswegen fast den ganzen Nachmittag geweint – dabei wollte ich ihr doch nur eine Freude bereiten. Am Abend konnte unser Vater die Puppe reparieren. Aber meine gute Tat ist misslungen."

Mahmud lächelte mitfühlend, als er den Bericht hörte, und erklärte:

„Wenn so etwas geschieht, sollte man sich entschuldigen und die Sache wieder in Ordnung bringen. Das hast du mit der Hilfe deines Vaters getan. Der Vorfall war allerdings keine Ausnahme. Was dir passiert ist - damit muss jeder rechnen. So sehr man sich auch bemüht, Gutes zu tun, es kann immer misslingen. Tatsächlich kann man sich nie sicher sein, ob das, was man an Gutem tut, auch wirklich gut endet. Gott allein weiß, was wirklich gut und richtig ist. Deshalb sollte man vor jeder Handlung stets bei Gott um Rat fragen."

Überrascht fragte Amar:

„Das ist möglich? Und wenn man fragt, bekommt man dann auch eine Antwort?"

Mahmud nickte bestätigend:

„Ja, nur haben die meisten Menschen verlernt, sie zu verstehen. Das liegt daran, dass ihr Herz erfüllt ist von dem, was sie wollen, oder von dem sie meinen, dass sie es sollen oder müssen. Vor lauter ‚Ich will' bleibt für Gott nur wenig Platz. Deshalb kann man ihn nicht verstehen.

Die Aufgabe besteht darin, in eurem Herzen Platz für Gott zu schaffen. Wenn ihr etwas tun wollt, dann fragt sogleich, ob das auch Gottes Wille ist. Dann lauscht nach innen. Zuerst werdet ihr wahrscheinlich gar nichts hören, weil Gott noch zu klein in eurem Herzen ist. Doch mit jedem Mal, wo ihr fragt, wird der Platz für Gott in eurem Herzen größer und irgendwann werdet ihr die Antwort verstehen können. Bei heiligen Menschen ist das ganze Herz von Gott erfüllt und deshalb stimmt all ihr Handeln mit dem göttlichen Willen überein.

Das ist nun eure neue Aufgabe: Versucht weiterhin Gutes zu tun, aber wendet euch dabei stets zuerst an Gott, mit der Frage, ob das, was ihr tun wollt, auch wirklich gut und richtig ist. Stellt euch einfach vor, Gott würde bei euch sein, ihr könnt ihn nur noch nicht sehen."

Namu und Amar bemühten sich die kommenden Wochen und Monate sehr darum. Bei allem, was sie tun wollten, fragten sie zuerst Gott, ob es auch richtig sei. Lange konnten sie keine Antwort hören. Doch dann, eines Tages, merkte Namu etwas. Nach der Frage war es ihm, als wenn etwas in ihm freudig strahlen würde. Das bedeutete sicherlich ein „Ja". Ein andermal wurde er seltsam unruhig und dies deutete er als „Nein".

Dazu sagte ihr gütiger Lehrer:

„Wenn man anfängt mit Gott zu sprechen, wird man die Antwort meistens zuerst über das Gefühl bekommen. Ein ungutes Gefühl heißt Nein, ein gutes Ja. Man muss dabei nur aufpassen, dass man seinen eigenen Willen zurücknimmt und keine Erwartungen hat, damit man der Antwort auch vertrauen kann."

Auch Amar konnte bald darauf solche Antworten in sich feststellen. Am Anfang waren die beiden noch recht unsicher. Es war gar nicht so leicht, keine Vorstellungen und Erwartungen zu haben. Manchmal vergaßen sie auch das Fragen. Irgendwann wurde es jedoch zur Gewohnheit und immer häufiger erhielten sie eine sichere Antwort. Mit Gott zu reden war wunderschön, interessant und manchmal auch überraschend. Einmal fragte Namu, ob er gleich nach dem Mittagessen seine Hausaufgaben erledigen solle. Die Antwort hieß erstaunlicherweise „Nein". Er vertraute darauf und ging nach draußen, um mit seinen Freunden zu spielen. Etwa eine Stunde später begann es heftig zu regnen, sodass er zurück ins Haus musste. Jetzt hatte er genügend Zeit für die Hausaufgaben. Gott hatte gewusst, dass es regnen würde, und dafür gesorgt, dass er vorher noch draußen spielen konnte. Oh, wie groß musste Gottes Liebe sein und wie herrlich, wenn man ihn immer mehr verstehen durfte!

Einige Zeit später gab Mahmud den beiden Jungen weitere Erklärungen:

„Trotz aller Mühe kann es geschehen, dass man einen Fehler begeht. Geschieht das, wird man sich wünschen, dass es kein *Karma* gäbe und der Fehler nicht auf einen zurückfällt. Gottes Liebe und Barmherzigkeit sind so groß, dass er Möglichkeiten geschaffen hat, dass dies tatsächlich geschehen kann."

Amar fragte:

„Heißt das, dass man nicht unbedingt sein *Karma* abtragen muss?",

worauf Mahmud zustimmend nickte und erklärte:

„Gott steht über dem *Karma*-Gesetz. Er kann alles ändern. Gott ist ein solch barmherziger Gott, dass wir uns das kaum vorstellen können. Zeigt jemand Reue, bittet er um Verzeihung und bemüht sich, so kann sich alles zum Guten hin ändern. Wenden wir uns mit ganzem Herzen an Gott, dann kann es geschehen, dass uns Schuld erlassen wird."

„Das ist ja wundervoll!",

begeisterte sich Namu. Der große Fakir lächelte und fuhr fort:

„Ja, das ist es. Nun werdet ihr sicherlich überrascht sein zu hören, dass es Menschen gibt, die Gutes tun und trotzdem vom *Karma* frei sein wollen. Den Grund dafür will ich euch erklären. Wenn ihr Gutes tut, wird euer Leben besser. Das allein reicht aber nicht aus, um Gott näherzukommen. Gott steht ja über dem *Karma*-Gesetz. Wollt ihr zu Gott, dann müsst ihr den *Karma*-Kreislauf überwinden."

Mit großen Augen fragte Namu:

„Das ist möglich?"

Mahmud erwiderte:

„Ja, und einen Teil davon habt ihr sogar schon gelernt. Ihr versucht Gottes Willen zu erfüllen. Gelingt euch das, dann seid ihr nicht mehr an die festen Regeln vom *Karma* gebunden. Solange es euch noch nicht vollkommen gelingt – und das wird wohl noch lange der Fall sein –, solltet ihr zusätzlich alle eure Handlungen Gott widmen. Wenn ihr zum Beispiel etwas säubert, so stellt euch vor, ihr reinigt das jetzt für Gott. Tut ihr jemandem etwas Gutes, so stellt euch vor, ihr tut es für Gott."

Nach diesen Worten erhob sich Mahmud und forderte Namu und Amar auf mitzukommen. Sie begaben sich zum großen Tempel, den sie betraten. Zu dieser Tageszeit hielten sich hier nicht viele Menschen auf. Es waren nur ein paar wenige zu sehen, die sich mit Reinigungsarbeiten beschäftigten. Der große Fakir munterte Namu und Amar auf, sich zu ihnen zu gesellen.

Die beiden Jungen gingen daraufhin auf drei Männer zu, die soeben den Boden kehrten. Überrascht blieb Namu vor dem ersten stehen und fragte ihn:

„Sind Sie nicht der Kaufmann aus der Stadt, dem das große Lebensmittelgeschäft gehört?"

Der Mann nickte:

„Ja, der bin ich."

Noch bevor er Weiteres sagen konnte, wollte Namu sogleich wissen:

„Sie haben in Ihrem Geschäft doch immer so viel zu tun, wieso arbeiten Sie hier auch noch?"

Der Kaufmann antwortete sehr ausführlich:

„Schon seit meiner Jugend kannte ich das Gesetz vom *Karma*. Daher bemühte ich mich, stets gerecht zu sein, als Kaufmann nichts zu teuer zu verkaufen und meine Angestellten gut zu behandeln und zu bezahlen. Das fiel auf mich zurück und ich hatte dadurch ein gutes und glückliches Leben.

Dennoch gab es eine Sehnsucht in mir, die sich nicht erfüllte. Ich wollte Gott näherkommen, was mir trotz meines guten Lebenswandels nicht richtig gelang.

Durch Zufall lernte ich irgendwann einen Mönch kennen, der hier im Tempel wohnt. Er gab mir den Rat:

‚Widme deine Handlungen Gott, dann wird sich Gott auch dir widmen.'

Um das zu lernen, half ich von da an ab und zu im Tempel. Hier fiel es mir leicht, bei meinen Tätigkeiten in Liebe an Gott zu denken. Irgendwann gelang es mir auch zu Hause und bald darauf sogar im Beruf. Inzwischen weiß ich aus Erfahrung, dass Gott allgegenwärtig ist, das heißt, er ist überall! Mein ganzes Leben ist von ihm erfüllt und ich kann seine Liebe jeden Tag spüren."

Die Augen des Kaufmanns leuchteten vor großer Freude, als er seinen Bericht beendete. Namu und Amar fanden es schön, dass sich das hier Gelernte auch in der Familie und im Beruf anwenden ließ. Sie hatten dem glücklichen Kaufmann so aufmerksam gelauscht, dass sie die beiden Männer neben ihm gar nicht richtig wahrgenommen hatten. Als sie sich nun dem nächsten zuwandten, war es Amar, der völlig überrascht war. Der Mann sah aus wie der wohlbekannte Schauspieler, den er erst neulich auf einem Kinoplakat gesehen hatte. Mit offenem Mund stand Amar vor ihm und wusste gar nicht, was er sagen sollte. Da lächelte der Mann und meinte:

„Schauspieler sind Menschen wie alle anderen auch. Wenn du dir einen Besen holst, wirst du merken, dass ich kein bisschen besser kehre als du."

Das ließ sich Amar nicht zweimal sagen und er und Namu besorgten sich schnellstens einen Besen. Was für ein Glück, so einem bekannten Schauspieler begegnen zu dürfen, und noch dazu in einem Tempel! Während sie miteinander kehrten – sie konnten es tatsächlich alle gleich gut – kamen sie ins Gespräch. Der Schauspieler erzählte:

„Wenn man es in meinem Beruf so weit gebracht hat wie ich, dann hat man viel Geld und wird von einigen Menschen angehimmelt. Da muss man schon aufpassen nicht stolz zu werden. Hier im Tempel bin ich einer von vielen, die für Gott etwas tun wollen. Solche einfache Arbeit ist ein gutes Mittel, um demütig zu bleiben. Ich weiß, dass mein Erfolg und Reichtum nicht selbstverständlich sind. Würde ich krank werden oder einen schweren Unfall haben, so könnte mir alles auf einmal wieder genommen werden. Alles ist ein Geschenk von Gott. Ich bedanke mich jeden Tag dafür."

Die beiden Jungen fanden seine Einstellung bewundernswert. Namu fragte ihn, ob man auch in seinem Beruf alles für Gott tun kann. Der Schauspieler meinte:

„Aber ja, du kannst wirklich alles für Gott tun. Er ist doch überall, also auch in jedem Menschen, in jedem Tier, in jeder Pflanze. Eigentlich ist es viel schwerer, die Dinge nicht für Gott zu tun, wo er doch allgegenwärtig ist. Man muss sich nur daran erinnern. Ich stelle mir meistens vor, dass Gott über die vielen Zuschauer den fertigen Film sehen wird. Wie könnte ich da anders, als meinen Beruf so gut wie nur irgend möglich auszuführen? Es ist für mich jedes Mal eine große Freude, wenn ich merke, dass es mir gut gelungen ist."

Langsam wurde Namu und Amar klar, dass man wohl jeden Beruf für Gott ausführen kann. Jetzt wandten sie sich noch dem dritten Mann zu, der mit ihnen zusammen den Boden kehrte. Die beiden Jungen kannten ihn aus ihrem Dorf. Es war ein einfacher Mann namens Latu. Sein Geld verdiente er durch Hilfsarbeiten aller Art. Er half den Bauern bei der Ernte, besserte Zäune aus oder reparierte ein undichtes Dach. Überall, wo für kurze Zeit Hilfe gebraucht wurde, holte man ihn. Namu und Amar kannten ihn als einen stets fröhlichen Menschen, der immer gerne half, auch wenn er einmal nichts dafür bekam. Es war allerdings auch so, dass alle im Dorf ihm gerne zur Seite standen, wenn er Hilfe brauchte. Eigentlich war es nicht verwunderlich, ihn hier im Tempel zu sehen. Latu erzählte den beiden Jungen aus seinem Leben:

„So, wie ihr mich kennt, war ich nicht immer. Früher war mein ganzes Leben von Sorge erfüllt. Jeden Tag dachte ich nur ans Geld, ob ich genügend zum Leben verdienen würde. Nie konnte ich mich wirklich freuen, denn kaum hatte ich etwas Geld, sorgte ich mich schon, ob ich auch am nächsten Tag genug erhalten würde. Als ich heiratete und sogar als unser Sohn geboren wurde, konnte ich mich nicht richtig darüber freuen. Nein - ich sorgte mich nun noch mehr, ob ich sie gut versorgen könnte. Meine vielen Sorgen machten mich ganz krank und eines Tages sagte ich mir, dass es so nicht weitergeht. Daraufhin suchte ich Hilfe im Tempel. Ein Mönch, er kam aus einem fernen Land, erklärte mir, dass ich mich nur um das Himmelreich sorgen solle. Meine Arbeit sollte ich Gott widmen. Dann würde der himmlische Vater für mich sorgen.

Ich probierte es aus, es konnte ja nur besser werden. Von da an dachte ich bei jeder Arbeit, dass ich sie für Gott tue. Bekam ich keine Arbeit, so war es wohl Gottes Wille. Meistens half ich dann hier im Tempel. Zuerst merkte ich, dass meine Stimmung besser wurde. Irgendwann fiel mir auf, dass meine Familie und ich tatsächlich gut versorgt wurden. Immer, wenn es mal knapp wurde, kam von irgendwoher Hilfe. Jetzt habe ich mein ganzes Leben Gott übergeben. Ihr könnt euch nicht vorstellen, wie wundervoll das ist, wie ich jedes Mal wieder aufs Neue dankbar feststellen darf, wie gut der himmlische Vater für mich und meine Familie sorgt. Auch wenn ich nach wie vor in einem kleinen Häuschen wohne, so fühle ich mich doch wie der reichste und gesegnetste Mensch auf der ganzen Welt."

Latu strahlte die beiden Jungen glücklich an und sie bekamen eine Ahnung davon, wie es ist, wenn man alles für Gott tut. Sie säuberten noch eine ganze Weile mit den drei Erwachsenen den Boden des großen Tempels. Mahmud hatte einmal erwähnt, dass vor Gott alle Menschen gleich sind, ob jung oder alt, arm oder reich. Zum ersten Mal erlebte Namu, dass dies wohl wahr sein müsse. Dadurch, dass sie alle fünf für Gott etwas tun durften, fühlten sie sich so verbunden, als gäbe es keinen Unterschied zwischen ihnen. Das war ein wunderschönes Gefühl.

Später berichteten die beiden Jungen ihrem lieben Lehrer Mahmud, was sie erlebt hatten. Natürlich hatte er sie nicht umsonst in den großen Tempel geschickt und deshalb war er über ihren Bericht keineswegs erstaunt. Er meinte dazu:

„In einem Tempel oder für einen anderen guten Zweck Nützliches zu tun, ist eine gute Möglichkeit, um selbstloses Handeln zu üben. Selbstloses Handeln bedeutet, etwas zu tun, ohne dafür etwas zu erwarten. Nur das sind wirklich gute Taten. Euer Leben wird dadurch einfach, schön und voller Freude.

Wie ihr erfahren habt, ist das jedoch noch nicht das Ziel. Wollt ihr zu Gott, ist das *Karma*-Gesetz zu überwinden und dazu solltet ihr die Dinge mit ganzer Liebe tun. Am besten, ihr denkt dabei an Gott. Oder ihr denkt daran, dass ihr nur etwas tun könnt, weil Gott es euch ermöglicht. Ohne ihn könnt ihr nämlich überhaupt nichts - nicht einmal die Hand heben. Fragt ihn, ob euer Handeln richtig ist. Je öfter ihr an Gott denkt, desto mehr Platz bekommt er in eurem Herzen. Und wenn euer ganzes Herz von Gott erfüllt ist, werdet ihr von den Fesseln des *Karmas* frei werden."

# Yagna

Wann immer es die Zeit zuließ, suchte Namu den alten Tempel auf. Nach wie vor wurde er zweimal in der Woche im Hatha-Yoga unterrichtet. Er mochte die Stunden sehr. Das lag sicherlich auch an Yogindra, der ein liebevoller und heiterer Lehrer war. Bei vielen Übungen versuchten sie sich so langsam wie möglich zu bewegen. Wer als Letzter fertig war und sich dabei am gleichmäßigsten bewegt hatte, war der Bessere. Das war gar nicht so leicht und Namu musste sich dazu noch sehr konzentrieren. Aber es gelang ihm mit jeder Woche besser.

Namu hatte auch sein Flötenspiel nicht vernachlässigt. Häufig nahm er seine liebe Schlange Zisch in einem Körbchen mit zum Tempel. Dann setzte er sich an einen ruhigen Ort, wo er niemanden störte, spielte, so gut er konnte, und hoffte darauf, dass Zisch sich endlich zu der Musik bewegen würde. Doch nach wie vor schien sie das Flötenspiel eher einzuschläfern. Allmählich überlegte sich Namu, ob seine Schlange vielleicht gar nicht tanzen konnte und seine ganze Mühe umsonst war. Als er Mahmud danach fragte, erhielt er zur Antwort:

„Wenn du Flöte spielst, dann tu es für Gott und nicht wegen des Erfolges. Nur dann ist es eine *Tapa*-Übung. Deine Schlange wird genau dann tanzen, wenn du das verstanden hast."

Offensichtlich hatte Namu das noch nicht verstanden. Manchmal kostete es ihn schon etwas Überwindung, trotzdem regelmäßig weiterzuüben. Er blieb jedoch stark und spielte weiterhin jeden Tag Flöte. Dann stellte er sich vor, dass Gott zuhören würde, und flötete, so schön er konnte.

Mahmud schien mit den Erfolgen von Namu und Amar zufrieden zu sein. Als sie ihn wieder einmal besuchten, eröffnete er ihnen, dass sie einen weiteren Punkt des Fünffachen Pfades erfahren dürften. Dazu sollten sie am nächsten Tag etwa eine Stunde vor Sonnenuntergang kommen. Die zwei freuten sich darauf. Am folgenden Abend lauschten sie gespannt Mahmuds Worten:

„Was ich euch nun zeigen werde, ist eigentlich weniger etwas zum Üben, als vielmehr ein großes Geschenk. So einfach es auch ist, so wirkungsvoll und hilfreich ist es."

Erwartungsvoll blickten die beiden Jungen, als Mahmud nun einige Gegenstände holte. Zuerst war da ein Pyramidenstumpf aus Kupfer, der auf seiner Grundfläche offen war. Außerdem brachte er in einem Schälchen etwas rohen Vollkornreis, ein Töpfchen mit Butterfett, getrockneten Kuhdung, eine Uhr, eine Kerze und Zündhölzer. Es war wirklich sehr spannend und die beiden Jungen rätselten, was für ein Geschenk das wohl geben würde. Mahmud klärte sie nur langsam auf:

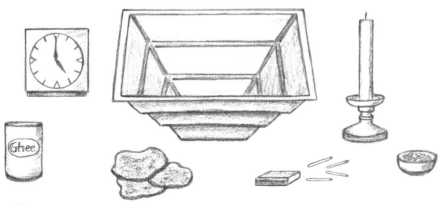

„Wie ihr schon gemerkt habt, ist alles, was wir haben und erleben, ein Geschenk von Gott. Da ist es nur natürlich, wenn man sich bei Gott dafür bedanken und ihm auch etwas schenken will. Doch wie macht man das? Wir können Gott ja leider nicht sehen, wie soll man ihm da etwas geben können? Nun, gehen wir einmal davon aus, dass Gott das hellste Licht ist, das es gibt. Für uns kommt das hellste Licht, das wir sehen können, von der Sonne. Das Licht der Sonne entsteht durch Feuer. Das gibt es auch auf unserer Erde. Feuer verwandelt alles, was es verbrennt, in Licht und Wärme. Es brennt aber nur, wenn auch etwas zu verbrennen vorhanden ist. Wir können also dem Feuer etwas zum Verbrennen schenken. Es ist für uns das Hilfsmittel, wenn wir Gott etwas schenken wollen."

Die beiden Jungen hörten fasziniert zu. Die Vorstellung, dass es ein Hilfsmittel gab, Gott richtig Danke sagen und ihm etwas schenken zu können, begeisterte sie sehr. Sie konnten es kaum erwarten, mehr darüber zu erfahren.

Ihr gütiger Lehrer fuhr fort:

„In früheren Zeiten wendeten sich die Menschen auf der ganzen Welt und in fast allen Kulturen mit Dankesfeuern an Gott. Irgendwann wussten sie aber nicht mehr, wie man es richtig macht, und schließlich vergaßen sie es ganz.

Zum Glück gibt es uralte Schriften - sie heißen „Veden" -, in denen alles genau beschrieben steht. Das Wissen darin kommt aus einer Zeit, in der es noch nicht die verschiedenen Religionen gab. Die Veden wurden in Sanskrit geschrieben. Das ist die Sprache, in der wir auch die Mantras singen. Wir beginnen erst jetzt wieder die Sprache und das, was damals geschrieben wurde, zu begreifen.

Das Feuer, mit dem man sich bei Gott bedankt, wird in den alten Schriften *Yagna** genannt. Wenn man ein Feuer anzündet, um dar-

---

* Andere gebräuchliche Schreibweisen sind: Yajna, Yajnya o. ä. Der Oberbegriff für alle vedischen Feuerzeremonien ist „Homa".

über Essen zu kochen, dann ist das kein *Yagna*. Für ein richtiges *Yagna* braucht man ganz bestimmte Zutaten."

Mahmud nahm nun den Kupfertopf und stellte ihn so auf den Boden, dass die Öffnung nach oben zeigte. Er erklärte:

„Für das *Yagna* ist es wichtig, solch ein Gefäß zu benutzen. Die Form und die Maße sind vorgeschrieben. Als Material ist Kupfer am besten. Es ist aber auch möglich, einen Topf aus gebranntem Ton, der die gleiche Form hat, zu verwenden. Jedes Material hat eine Wirkung auf die Umgebung und auch eine Wirkung darauf, wie wir uns dabei fühlen. Kupfer ist besonders geeignet für diesen Zweck."

Als Nächstes nahm Mahmud einen getrockneten Kuhdungfladen und brach ihn in mehrere Stücke. Er bestrich sie mit etwas Butterfett und bemerkte dazu:

„Zum Verbrennen nehmen wir Kuhdung. Das ist kein Zufall, denn Kuhdung ist ein ganz besonderes Brennmaterial. Unter anderem hilft er, dass wir und alles in der Umgebung gesund bleiben. Kuhdung wirkt so auf schädliche Bakterien, dass sie sich nicht mehr vermehren können. Früher wurde er oft medizinisch eingesetzt."

Zum Butterfett erklärte er:

„Wenn man ungesalzene Süßrahmbutter eine Zeitlang erhitzt und dann durch ein feines Sieb oder Tuch gießt, erhält man Ghee (sprich: Gi = Butterfett). Es ist ein sehr reines Fett, das gut brennt."

Nach diesen Worten nahm er das Schälchen mit dem Reis in die Hände. Er gab etwas Ghee zum Reis, vermischte beides und meinte dazu:

„Es gibt verschiedene Arten von *Yagna*. Ein spezielles und besonderes *Yagna* ist das *Agnihotra*. Beim *Agnihotra* gibt man als Gabe ein wenig Vollkornreis vermischt mit Ghee ins Feuer."

Namu und Amar hörten aufmerksam zu und beobachteten Mahmud bei jeder seiner Bewegungen. Die Sonne stand bereits tief am Horizont und tauchte den Tempelgarten in ein warmes Abendlicht. Mahmud sah zum Himmel, der sich langsam rötlich färbte, und sprach:

„Bald ist Sonnenuntergang. Genau dann werden wir das *Agnihotra* durchführen. Die Zeit ist wichtig. Sonnenaufgang und Sonnenuntergang sind ganz besondere Zeiten. Es ist so, als würde die Natur für vier Minuten ihren Atem anhalten, um einen neuen Tag zu begrüßen oder zu verabschieden. Die Natur hält still. Es sind heilige Momente. Genau dann kann unser kleines Feuer mit dem großen Feuer der Sonne in Verbindung treten. Und beide Feuer stehen mit dem heiligen unsichtbaren größten Licht in Verbindung – mit Gott."

Nach einer kurzen Pause fuhr der weise Fakir fort:

„Ich werde jetzt das *Agnihotra* vorbereiten. Schaut genau zu, aber sprecht nicht. Wenn ihr Fragen habt, können wir anschließend darüber reden."

Nun zündete Mahmud mit einem Streichholz die Kerze an. Er nahm ein vorbereitetes Kuhdungstück, das er so lange an die Kerzenflamme hielt, bis es brannte. Dieses Stück legte er in den Kupfertopf und gab noch einige weitere Kuhdungstücke dazu. Es entstand ein schönes Feuer. Dann sah er auf die Uhr und wartete offensichtlich, bis genau Sonnenuntergang war. Jetzt nahm er die Reisschale in die linke Hand und begann mit seiner tiefen, kräftigen Stimme ein Mantra zu singen:

Ag - na - jeh    swa - ha     ag - na - jeh    i - damm   na   ma - ma

pra - dscha  pa - ta - jeh  swa - ha    pra - dscha  pa - ta - jeh  i - damm  na  ma - ma

Bei dem Wort „swaha" gab er jedes Mal mit seiner rechten Hand ein wenig Reis vermischt mit Ghee in die Flammen. Danach war er still und ein himmlisches Leuchten überzog sein Gesicht.

Namu überlief ein heiliger Schauer. Schon oft hatte er in seinem Abendgebet Gott für den schönen Tag gedankt. Aber das hier war etwas ganz anderes. Ehrfürchtig sah er in die Flammen. Es war, als könnte er darin einen Hauch von Gott wahrnehmen. Kuhdung, Reis und Ghee gingen in Licht auf. Das Gesicht von Mahmud leuchtete, als würde etwas in ihm ebenfalls in Licht aufgehen.

Die beiden Jungen hatten keine Fragen. Sie waren ergriffen und spürten ein herrliches Glücksgefühl. Worte hätten jetzt nur gestört.

Bald nachdem das Feuer erloschen war, erhob sich der gütige Fakir. Langsam wurde es dunkel und daher begleitete er die Jungen nach Hause. Bevor sie sich verabschiedeten, bot er ihnen an, dass sie am nächsten Morgen vor Sonnenaufgang zum Tempel kommen könnten. Dann würde er ihnen das *Agnihotra* zu Sonnenaufgang zeigen.

Die zwei stimmten erfreut zu. Es war Wochenende und sie brauchten nicht zur Schule zu gehen. Deshalb konnten sie am nächsten Morgen pünktlich im Tempelgarten eintreffen. Ihr fürsorglicher Lehrer hatte bereits alles vorbereitet. Still und ehrfürchtig setzten sie sich zu ihm. Alles war gleich wie am Abend zuvor. Als die Sonne aufging, sang Mahmud allerdings ein etwas anderes Mantra:

Sur - ja - jeh swa - ha   sur - ja - jeh i - damm na ma-ma

pra-dscha pa-ta-jeh swa-ha   pra-dscha pa-ta-jeh i - damm na ma-ma

Wieder gab er jeweils bei dem Wort „swaha" eine Prise Reis ins Feuer.

Namu sah noch, wie Mahmuds Gesicht zu strahlen begann. Dann schloss er die Augen. Es war ihm, als könnte er das Leuchten des Feuers trotz geschlossener Augenlider sehen. Wie am Abend zuvor verspürte er ein einzigartiges Glücksgefühl. Am liebsten wäre er noch lange so sitzen geblieben, doch da hörte er die Stimme seines Lehrers:

„Das Feuer ist längst aus. Lasst uns frühstücken gehen."

Als Namu seine Augen öffnete, sah er in Mahmuds heiteres Gesicht. Amar erzählte später, dass sie über zehn Minuten beim *Agnihotra*-Feuer gesessen hätten. Namu hatte das gar nicht bemerkt.

Die drei gingen zu einem Nebengebäude, wo sie auf viele Leute trafen. Es waren Mönche, Nonnen, Priester, Yogis, Fakire und andere Gottsuchende. Sie kamen alle, um Frühstück zu erhalten, das hier ausgeteilt wurde. Jeder bekam etwas, aber keiner begann zu essen oder zu trinken. Offensichtlich warteten sie auf ein Zeichen von einem alten, weisen Mönch. Dieser faltete kurz darauf seine Hände und sprach ein Dankgebet. Anschließend stimmte er einen kurzen Lobgesang an und alle sangen im Chor mit. Erst danach begannen sie zu frühstücken.

Später erklärte Mahmud seinen beiden Schützlingen:

„Hier am Tempel gibt es einen Leitgedanken, den alle befolgen. Er lautet:
,Gott zuerst!'

Das solltet ihr euch einprägen, denn es ist sehr wichtig. Wir essen nicht, bevor wir Jenem gedankt haben, der uns mit Nahrung versorgt. Wir verreisen nicht, ohne uns zuvor an Jenen zu wenden, der unsere Wege lenkt. Und mit dem *Agnihotra* beginnen wir jeden Tag und jede Nacht mit einem Dankesfeuer an Gott."

„Das ist schön",

sagte Amar und meinte dann:

„Jetzt würde ich gerne noch etwas zum *Agnihotra* wissen wollen."

Mahmud ermunterte ihn zu fragen, was er auch sogleich tat.

„Als du das Mantra zum *Agnihotra* gesungen hast, war es mir, als würde ich hochgehoben. Aber nicht außen, sondern innen. Es war wundervoll. Ist das ein besonderes Mantra?"

Der große Fakir erklärte:

„Das Morgenmantra ist genau auf den Sonnenaufgang abgestimmt. Würde man hören können, wie die ersten Sonnenstrahlen immer näher kommen, dann würde es wahrscheinlich so ähnlich klingen wie dieses Mantra. Ihr wisst ja, dass der Klang des Mantras sehr wichtig ist. Abends wiederholt sich Ähnliches beim Abendmantra, wenn die Sonnenstrahlen sich zurückziehen."

„Und weil dabei das Feuer brennt, kann man es so stark spüren, oder?",

wollte Namu wissen.

„Ja, so ist es. Beim *Agnihotra* ist alles wichtig: das Mantra, das Feuer, die Zeit, die Zutaten und der Mensch, der es durchführt."

Namu fragte weiter:

„Können wir das auch alles lernen?"

Mahmud erwiderte:

„Das hoffe ich doch sehr. Und wenn es euch recht ist, werden wir sofort damit beginnen."

Das war den Jungen sehr recht. Zuerst schrieben sie sich die beiden Mantras auf. Mahmud erklärte ihnen, dass sich die Aussprache ein wenig vom Sanskrit-Original unterscheiden würde. Deshalb sollten sie die Mantras einfach so notieren, wie sie diese gehört hatten, ohne dabei auf die Rechtschreibung zu achten.

Danach übten die beiden so lange, bis sie den Text und die Melodie auswendig konnten. Die richtige Tonhöhe sollten sie selbst herausfinden. Nun bekam jeder einen Agnihotratopf und die übrigen Zutaten. Sie übten alle Einzelheiten. Mahmud sagte ihnen, dass die Zündköpfe der Zündhölzer oftmals schädliche Zusätze enthalten und davon nichts ins Feuer gelangen sollte. Deshalb sollten sie zuerst die Kerze anzünden und an ihrer Flamme dann den Kuhdung. Sie brauchten mehrere Anläufe, bis ihr Feuer so schön brannte wie bei Mahmud. Er gab ihnen kleine Stückchen natürlichen Kampfer, die sie auf den Boden des Feuertopfes legten. Kampfer ist eine gute Anzündhilfe, denn er brennt sehr gut und schnell. Er gab den beiden die Sicherheit, dass die Flamme nicht gleich wieder ausging. Als sie alles so gut konnten, dass Mahmud zufrieden war, sagte er:

„Jetzt habt ihr alles gelernt, was für die äußere Durchführung vom *Agnihotra* wichtig ist. Ich habe euch gesagt, dass der Mensch, der es ausführt, ebenfalls sehr wichtig ist. Es gibt für euch daher noch einiges zu beachten."

Der weise Fakir forderte die Jungen auf, ihm zu einer Wasserstelle zu folgen. Dort wuschen sie sich die Hände und spülten den Mund aus. Mahmud meinte dazu:

„Wenn man davon ausgeht, dass man beim *Agnihotra* Gott näherkommt, dann sollte man selbstverständlich sauber sein. Das gilt für die Kleidung, den Körper und für die Gedanken. Wenigstens sollte man die Hände waschen."

Die drei gingen wieder zu ihren *Yagna*-Plätzen zurück und setzten sich. Mahmud erklärte weiter:

„Ein Vers der *Agnihotra*-Mantras bedeutet, dass man Gott alles übergeben möchte. Beim Üben von *Daan* habt ihr gelernt, an nichts zu hängen, und ihr habt erfahren, dass Gott immer für euch sorgt, wenn ihr ihm alles übergeben könnt. Wenn ihr beim *Agnihotra*-Mantra den Reis in die Flammen gebt, dann ist es so, als würdet ihr *Daan* vor hohem Licht tun. Übergebt den Reis mit ganzer Liebe. Es soll eine Liebe sein, die nichts für sich erwartet, sondern nur das Beste für andere will. Ihr wollt Gott damit ja ein Geschenk machen und für ein Geschenk erwartet man nichts. Könnt ihr euch solch eine Liebe vorstellen?"

Amar nickte zustimmend und bekam augenblicklich rote Stellen im Gesicht. Ganz offensichtlich dachte er an Sundari, die Tänzerin. Dabei fiel es ihm wohl leicht, sich eine solche Liebe vorzustellen.

Mahmud schien seine Gedanken genau zu kennen. Indem er Amar ansah, sprach er:

„Manchmal fühlen junge Menschen so eine reine Liebe zueinander. Erlebt man sie, dann kann man sich beim *Agnihotra* vorstellen, dass Gott wie das liebste Wesen auf der Welt ist. Es fällt dann leicht, ihm mit ganzer Liebe etwas zu übergeben."

Er fuhr mit seinen Erklärungen fort:

„Ein weiterer Vers der *Agnihotra*-Mantras bedeutet: ‚Dein Wille geschehe'. Damit bekräftigen wir, dass wir Gottes Willen ausführen wollen, so, wie wir es auch beim Üben von *Karma* angestrebt haben. Führt man regelmäßig *Agnihotra* durch, dann ist das eine große Hilfe für die anderen Punkte des Fünffachen Pfades."

Noch einmal übte der gütige Fakir mit den beiden Jungen die *Agnihotra*-Mantras. Es war eine besondere Stimmung, wie sie zu dritt im Tempelgarten saßen und sangen. In der Nähe zwitscherten die Vögel, als wollten sie in den Chor einstimmen. Inzwischen konnten Namu und Amar die Mantras auswendig singen. Mahmud ermunterte sie, heute Abend im Tempelgarten selbst *Agnihotra* durchzuführen. Amar wollte lieber noch ein bisschen üben, aber Namu stimmte mutig zu.

Die beiden gingen nun nach Hause, denn es war Zeit für das Mittagessen. Am Abend kehrten sie zum Tempel zurück. Namu war sehr aufgeregt und wünschte sich fast, er hätte auch gesagt, dass er lieber noch üben würde. Jetzt wollte er aber nicht mehr zurück. Etwas nervös streichelte er seine Schlange Zisch, die er in einem Körbchen trug.

Viel zu früh erreichten sie den Tempelgarten. Sie sahen sich noch ein wenig um und bemerkten, wie sich an verschiedenen Stellen kleine Gruppen für das abendliche *Agnihotra* zusammenfanden. Namu ging zur Wasserstelle und wusch sich seine Hände und das Gesicht. Bei der Vorstellung, dass er heute Abend zum ersten Mal Gott ein Dankesgeschenk darbringen wollte, fühlte er sich gar nicht sauber genug. Da wusch er auch noch seine Füße und die Beine von unten bis hinauf zu den Knien.

Mahmud saß bereits im Tempelgarten und hatte für seinen Schützling alles vorbereitet. Als Namu kam, überließ er ihm den Platz vor dem Agnihotratopf. Namu stellte den Korb mit seiner Schlange neben sich. Irgendwie beruhigte es ihn, wenn sie dabei war. Langsam färbte sich der Himmel mit leichten Rottönen. Bald war Sonnenuntergang. Namu atmete tief durch. Mit einem Mal wurde er ganz ruhig und konnte sich auf das Bevorstehende freuen. Während er die Kerze anzündete, dachte er voller Dankbarkeit an Gott. Dann ging alles fast wie von selbst. Das Feuer brannte hell. Genau zu Sonnenuntergang sang Namu mit dem Gefühl innigster Dankbarkeit das Mantra. Zweimal gab er dabei als Geschenk den Reis in die Flammen und sah, wie sich die Gaben in Licht verwandelten.

Da erfüllte ihn ein einziger Glücksrausch. Solche Liebe hatte er noch nie zuvor empfunden. Mit diesem Gefühl sah er um sich, zu Mahmud, zu Amar und zu seiner Schlange. Auf einmal meinte er seinen Augen nicht zu trauen. Sie tanzte! Zisch tanzte und schlängelte sich,

dass das Körbchen fast zu klein für sie war. Am liebsten wäre Namu vor Freude aufgesprungen und hätte mitgetanzt. Aber er beherrschte sich, bis die Flammen des Agnihotrafeuers erloschen waren. Mahmud hatte ihm nämlich gesagt, dass man während des *Agnihotras* nichts sprechen und nicht umherlaufen sollte. Als das Feuer ausging, rollte sich auch Zisch wieder in ihrem Körbchen zusammen.

Aber nun ließ Namu seiner Freude freien Lauf. Er konnte sich kaum beruhigen. Das *Agnihotra*-Feuer hatte bewirkt, was er all die Zeit mit seinem Flötenspiel nicht erreichen konnte. Zisch hatte getanzt – sie konnte tanzen! War das eine Freude!

Mahmud und Amar freuten sich mit Namu, und Zisch wurde so viel gestreichelt wie schon lange nicht mehr.

Kurz darauf erklärte der weise Fakir:

„Beim *Agnihotra* nehmen wir unser ‚Ich will‘ aus unserem Herzen und bringen es als Dankesgabe dar. Das ist das Größte, was wir Menschen tun können. Gott kann nun Einzug in unserem Herzen halten. Das ist jedes Mal ein Freudenfest. Alles um uns freut sich mit, die ganze Natur, die Pflanzen, die Tiere, und auch wir selbst fühlen uns auf einmal wundervoll. Habt ihr das gemerkt?"

„Oh ja, und wie!",

antwortete Namu. Dabei kam ihm ein Gedanke:

„Liegt es auch am *Agnihotra*, dass die Pflanzen hier beim Tempel so besonders gut wachsen?"

Mahmud bestätigte:

„Das hast du gut beobachtet. Wenn man *Agnihotra* durchführt, dann ist das für die gesamte Umgebung herrlich. Die Pflanzen bekommen mehr Kraft und die Früchte werden kräftiger, größer und schmecken besser. *Yagnas* sind für Mensch, Tier und Pflanze außerordentlich wohltuend.

Damit das alles geschehen kann, sollten die Zutaten beim *Agnihotra* stimmen. Kuhdung zum Beispiel hat reinigende und ausgleichende Wirkung. Ghee wirkt ebenfalls reinigend. Alles spielt hier zusammen. Die Asche, die beim *Agnihotra* zurückbleibt, kann man in kleinen Mengen als Dünger verwenden."

„Und darüber freuen sich dann die Pflanzen und wachsen deshalb besser",

meinte Amar. Der große Fakir lachte:

„Ja, so kann man das sehen. Die Pflanzen freuen sich, die Tiere und wir auch."

Mahmud klärte die Jungen weiter auf:

„Wir wohnen hier wie in einem kleinen Paradies. Im größten Teil der Welt sieht es jedoch leider anders aus. Die Menschen, die nur an sich denken, tun der Natur seit Langem sehr weh, und zwar so schlimm, dass viele Pflanzen und Tiere sterben müssen. Selbst die Menschen werden immer öfter krank und wissen nicht, wie sie daran etwas ändern können.

Unser ganzer Planet leidet. Er ist inzwischen sehr, sehr krank. Mit Erdbeben, Überschwemmungen, Stürmen und vielem mehr fleht er uns um Hilfe an. Mensch und Natur sind voneinander abhängig. Stirbt der Planet, so sterben auch wir.

Zum Glück steht in den uralten Schriften, den Veden, wie wir ganz schnell helfen können. Gewaltige Kräfte entfalten sich in dem kleinen, unscheinbaren Feuer zu Sonnenauf- und Sonnenuntergang – dem *Agnihotra*. Mit ihm wird die Natur wieder besänftigt und gereinigt und alles kann gedeihen, besser, als wir es uns vorstellen können.

Natürlich muss sich auch das Verhalten der Menschen gegenüber der Natur ändern. Wir brauchen die Natur und sollten liebevoll mit ihr umgehen. Auch hier hilft das *Agnihotra*, denn wenn wir es durchführen, fällt es uns immer leichter, Gutes zu denken und Gutes zu tun."

Dazu ergänzte Mahmud:

„Den Pflanzen und den Tieren merkt man schnell an, dass sie sich wohlfühlen, wenn *Yagna* durchgeführt wird. Wir Menschen brauchen manchmal etwas länger, bis wir die segensreiche Wirkung wahrnehmen können. Bei euch ging es sehr schnell, weil ihr euch Gott bereits seit einiger Zeit stark zugewendet habt und ihm dadurch inzwischen nähergekommen seid."

Namu und Amar freuten sich sehr, dass Mahmud ihnen mit diesen Worten bestätigte, was sie zutiefst gehofft hatten: Sie waren Gott bereits nähergekommen!

Jetzt konnte es Amar kaum erwarten, dass auch er *Agnihotra* durchführen durfte. Bereits am nächsten Morgen war es so weit. Obwohl auch er zunächst etwas aufgeregt war, legte sich dies schnell und er führte das *Agnihotra* vorbildlich und mit ganzer Liebe durch. Dabei kam ihm Sundari in den Sinn und er dachte sich, dass er Gott mindestens genauso lieb hatte wie sie.

# Swadhyaya

Nachdem Namu und Amar zum ersten Mal *Agnihotra* im Tempelgelände durchgeführt hatten, taten sie dies nun regelmäßig auch zu Hause. Beide hatten sich dazu im Garten eine windgeschützte Stelle ausgesucht. Amar war froh, dass er als *Tapa*-Übung frühes Aufstehen geübt hatte. So war er jetzt zu Sonnenaufgang stets munter. Es war herrlich, den Tag mit dem *Agnihotra*, dieser Dankesgabe an Gott, zu beginnen und ihn ebenso zu beenden.

Die beiden Jungen konnten sich ein Leben ohne Gott gar nicht mehr vorstellen. Seit sie vom Fünffachen Pfad erfahren hatten, erlebten sie einen glücklichen Tag nach dem anderen. Es gab für sie kaum noch Unerfreuliches, weil sie gelernt hatten, alles mit anderen Augen zu sehen. Gab es Schwierigkeiten, dann bedankten sie sich dafür, weil sie wussten, dass sie damit ungutes Karma abtragen konnten und somit frei davon wurden. Außerdem konnte man immer etwas daraus lernen. Mahmud hatte einmal gesagt:

„Jeder liebt es, wenn die Sonne scheint. Was täten wir aber ohne den Regen? Ohne Regen würde nichts wachsen. So ist es auch bei uns. Wir lieben die guten Zeiten. Die anderen Zeiten sind jedoch auch notwendig. Sie helfen uns, innerlich zu wachsen und damit Gott näherzukommen. Heißen wir also alle Zeiten willkommen."

Dieser Ratschlag machte das Leben wesentlich einfacher. Namu und Amar hatten nun bereits so viele schöne Erfahrungen gesammelt, dass sie sich kaum vorstellen konnten, wie jetzt noch eine Steigerung möglich sein sollte. Doch die musste es geben, denn es fehlte ihnen ja noch ein letzter Punkt vom Fünffachen Pfad. So waren sie schon sehr neugierig, ihn zu erfahren.

Eines Tages war es so weit. Mahmud verabredete sich dieses Mal mit seinen beiden Schützlingen im großen Tempel. Hier trafen sich Menschen zum gemeinsamen Gebet oder zu religiösen Gesängen. Manche brachten Gott auf verschiedene Weise Verehrung entgegen. Man konnte hier auch geistigen Unterricht erhalten. Genau dazu setzten sich heute Mahmud, Namu und Amar in eine ruhige Ecke. Der gütige Fakir begann:

„Es freut mich sehr, welche Fortschritte ihr auf dem Fünffachen Pfad gemacht habt. Ihr seid Gott bereits ein ganzes Stück nähergekommen. Um euer Ziel zu erreichen, fehlt euch allerdings noch etwas. Darüber werden wir heute sprechen. Der letzte Punkt des Fünffachen Pfades nennt sich *Swadhyaya* (sprich: Swadjaja).“

Der weise Fakir legte eine kleine Sprechpause ein. Namu wiederholte das Wort *Swadhyaya* ein paarmal, um es richtig aussprechen zu können. Hoffentlich war *Swadhyaya* nicht so schwer, wie es klang. Da fuhr Mahmud schon fort:

„*Swadhyaya* bedeutet, dass wir herausfinden sollen, wer wir wirklich sind. Wenn ihr mich anschaut, dann denkt ihr: ‚Das ist Mahmud‘. Doch wer ist Mahmud wirklich? Bin ich nur ein Körper, ein Mann mit langem grauen Bart in einer einfachen Kleidung? Oder bin ich das, was denkt und spricht? Was ist es, warum ihr mich immer wieder besucht? Solche Fragen solltet ihr euch stellen, aber nicht über mich, sondern über euch selbst. Das ist der Anfang von *Swadhyaya* und damit wollen wir beginnen.“

Namu und Amar schauten sich ein bisschen ratlos an. Solche Fragen hatten sie sich noch nie gestellt. Als sie etwas später nach Hause gingen, unterhielten sie sich sehr angeregt. Namu wollte herausfinden, was Amar über ihn dachte, und Amar wollte wissen, wie Namu

77

ihn sah. Später fragten die beiden auch noch ihre Eltern und Amar seine Schwester. Dabei erhielten sie so unterschiedliche Antworten, dass sie dadurch mehr verwirrt wurden, als dass es ihnen geholfen hätte. Sie kamen wohl nicht umhin, sich die Fragen selbst zu stellen.

Der kleine Fakir besuchte daraufhin seinen Nachbarn. Seit Namu sich einmal um die Kühe gekümmert hatte, ging er ab und zu mit den beiden Tieren spazieren. Sie folgten ihm inzwischen willig, auch ohne Seil. Die Kühe wirkten auf Namu immer sehr beruhigend, was ihm half, wenn er nachdenken wollte. Heute suchte er in ihrer Begleitung ein abgeerntetes Feld auf, das an einem kleinen Teich lag. Die Kühe fanden hier noch genügend Futter. Namu setzte sich an den Teichrand und begann damit, sich Fragen zu stellen. Er betrachtete im Wasser sein Spiegelbild. Zuerst dachte er sich „Das ist Namu", und war mit dem, was er sah, eigentlich ganz zufrieden. Dann überlegte er sich, wer da gedacht hatte. Die Lösung war einfach: Die Gedanken waren auch von Namu.

Als er so dasaß, kamen noch zahlreiche andere Gedanken. Während er gerade noch mit seinem Spiegelbild zufrieden gewesen war, meinte er nun plötzlich, dass er für sein Alter viel zu klein sei. Daraufhin verteidigte er sich selbst, indem er dachte, dass er ja bestimmt noch wachsen würde. Was aber, wenn nicht? Ja, das wäre ihm gar nicht recht ... Namu merkte plötzlich, wie seine Gedanken hin und her wanderten. Es war fast, als würde es zwei verschiedene Namus geben. Der eine dachte etwas, der andere war dagegen – oder umgekehrt. Plötzlich überfiel Namu große Sorge, dass so etwas nicht normal sei und mit ihm irgendetwas nicht stimme.

Vor lauter Gedanken hatte er gar nicht bemerkt, dass die beiden Kühe inzwischen neben ihm lagen und genüsslich wiederkäuten. Um auf andere Gedanken zu kommen, stand er auf und lockte die Tiere ins Wasser. Dort spritzte er sie nass und schrubbte sie mit einem Tuch ab. Die Kühe genossen sichtlich das erfrischende Wasser. Eine der beiden wollte sich zärtlich an Namu kuscheln. Weil sie aber so viel Kraft hatte, warf sie ihn damit um und er landete im etwas tieferen Teil des Teiches. Namu prustete laut und musste dann herzlich lachen. Sie hatten viel Spaß bei ihrem Bad, sodass Namu seine Sorgen ganz vergaß.

Bei nächster Gelegenheit suchte Namu den weisen Fakir allein auf. Er wollte ihn gern ohne Amar sprechen, für den Fall, dass mit ihm tatsächlich etwas nicht stimmte. Ausführlich berichtete er, was er bei sich erlebt hatte. Mahmud beruhigte ihn in seiner gütigen Art:

„Du brauchst keine Sorge zu haben, deine Beobachtung war ganz richtig. Wenn du zurückdenkst, wirst du feststellen, dass es fast immer so in dir aussah. Wie war es denn bei deinen ersten *Tapa*- oder *Karma*-Übungen?"

Namu überlegte einen Moment und stellte daraufhin überrascht fest:

„Ja, eigentlich war es immer so. Etwas in mir wollte Flöte spielen, ein anderer Teil hatte aber keine Lust dazu. Wenn ich meiner Mutter helfen wollte, konnte es sein, dass etwas anderes in mir lieber draußen gespielt hätte. Es war jedes Mal ein Hin und Her."

Mahmud fragte:

„Und wer war es dann, der sich durchsetzte und dir sagte, was du nun wirklich tun solltest?"

Der kleine Fakir dachte eine Weile nach, kam aber zu keinem rechten Schluss. Natürlich versuchte er jedes Mal, das Gute zu tun. Doch woher kam der Gedanke, der ihm sagte, was gut ist? Mahmud hatte früher gesagt, dass der Mensch eigentlich gar nicht weiß, was wirklich gut und richtig ist, sondern nur Gott. Das Ganze verwirrte Namu sehr und er wusste nicht, was er darauf antworten sollte.

Mahmud sah, wie es in seinem Schützling arbeitete. Er hatte volles Verständnis dafür, denn bisher erging es jedem so, der sich ernsthaft solche Fragen stellte. Doch dies waren sehr wichtige Überlegungen. Beruhigend sagte er:

„Voraussichtlich wird Amar bald kommen und mich zum gleichen Thema sprechen wollen. Dann werde ich euch weitere Anweisungen geben."

Tatsächlich dauerte es nicht lange, bis Amar kam. Etwas unsicher erzählte er von seinen Erfahrungen, die ganz ähnlich verlaufen waren wie bei Namu. Der gütige Fakir beruhigte auch ihn. Daraufhin bat er die beiden Jungen, ihm zu einem speziellen, abseits gelegenen Seitentempel zu folgen. Er hieß „Tempel der Stille". In ihm waren Namu und Amar noch nie gewesen, weil man darin und auch in seiner Nähe weder sprechen noch singen noch sonst irgendwie geräuschvoll sein durfte. Auf dem Weg dorthin meinte Mahmud:

„Was ich euch nun zeigen werde, hat etwas mit *Swadhyaya* zu tun, auch wenn es für euch vielleicht nicht danach aussieht. Um herauszufinden, wer ihr wirklich seid, wird dies jedoch eine sehr große Hilfe werden. Im Grunde genommen ist es eine weitere *Tapa*-Übung – eine geistige Disziplin –, jedoch eine ganz besondere."

Als die drei leise das Tempelinnere betraten, bot sich ihnen ein ungewöhnliches Bild. Einige Menschen hatten sich hier versammelt.

Manche saßen mit gekreuzten Beinen am Boden, andere saßen auch auf Stühlen oder Hockern. Alle hatten die Augen geschlossen. Das ganz Besondere aber waren ihre Gesichter. Ein unglaublich friedliches und glückliches Lächeln lag in ihren Gesichtszügen. Es war, als würden sie von innen heraus hell leuchtend strahlen. Das sah äußerst erhebend aus.

Lautlos winkte Mahmud die beiden Jungen wieder aus dem Tempel hinaus. Sie setzten sich in einiger Entfernung unter einen Baum. Namu und Amar waren von dem, was sie soeben gesehen hatten, sehr beeindruckt. Amar fragte:

„Was sind das für außergewöhnliche Menschen und was tun sie da?"

Der weise Fakir erklärte:

„Das sind ganz normale Menschen, die nach Gott suchen, so wie ihr auch. Sie treffen sich hier, um gemeinsam zu meditieren. Wenn man meditiert, nähert man sich dem göttlichen Licht. Die Menschen, die ihr gesehen habt, meditieren schon längere Zeit. Sie haben Berührung mit hohem Licht. Das habt ihr sicherlich an ihren Gesichtern gesehen."

„Ja, sie sahen völlig glücklich aus",

meinte Amar. Namu erinnerte sich, dass er bereits früher einmal jemanden gesehen hatte, der offensichtlich auch schon länger meditierte. Er saß damals an der Rückwand des großen Tempels mit so strahlendem Gesicht, dass Namu es nicht gewagt hatte, ihn anzusprechen. Nun fragte er:

„Können wir das auch lernen? Wird unser Gesicht dann auch so leuchten? Es sah so aus, als würden die Leute im Tempel wirklich ein himmlisches Licht sehen. Oh, das würde ich auch gern sehen! Bitte sag uns, wie das geht."

Mahmud zügelte seinen Eifer ein wenig:

„Immer eines nach dem anderen. Ich werde euch lehren, wie man meditiert. Ob ihr das göttliche Licht sehen werdet, hängt zum einen davon ab, wie viel und wie hingebungsvoll ihr übt. Zum anderen ist es immer ein göttliches Geschenk, so etwas erleben zu dürfen. Jetzt werde ich euch sagen, was zu tun ist."

Er hielt die beiden an, sich mit geradem Rücken hinzusetzen. Dann gab er ihnen Anweisungen:

„Eigentlich ist es ganz einfach. Ihr schließt als Erstes die Augen. Danach versucht ihr an gar nichts zu denken, was euch wahrscheinlich nicht gelingen wird. Ihr wisst ja von euren inneren Beobachtungen, dass es nicht nur einen, sondern sogar zwei Denker in euch zu geben scheint. Versucht sie einfach nicht zu beachten oder beobachtet sie so, als wenn sie von jemand anderem wären. Wer beobachtet wird, fühlt sich unwohl und geht. Das solltet ihr bei euren Gedanken erreichen. Wir werden es jetzt einmal versuchen."

Die beiden Jungen schlossen daraufhin ihre Augen. Nach fünf Minuten unterbrach Mahmud die Übung und fragte sie nach ihren Erfolgen. Amar meinte:

„Bei mir waren ganz viele Gedanken da. Eigentlich ist es ganz erstaunlich, wie viel man in so kurzer Zeit denken kann."

Namu erging es auch nicht viel besser, worauf ihnen Mahmud weitere Hilfen gab:

„Es ist völlig normal, wenn es ein wenig dauert, bis sich die ersten Erfolge einstellen. Wenn die Gedanken gar nicht gehen wollen, kann man auch an etwas ganz Schönes denken – am besten an Gott oder an sein himmlisches Licht. Ihr könnt euch das auch bildhaft vorstellen. Probieren wir es noch einmal."

Der zweite Versuch war schon erfolgreicher. Amar sah vor sich das Bild der vielen Menschen im Tempel und den himmlischen Ausdruck in ihren Gesichtern. Namu stellte sich das *Agnihotra*-Feuer vor und dachte dabei, dass die Flammen göttliches Licht seien. Bei beiden kam schon nach Kurzem kein anderer Gedanke mehr auf. Das war ein großer Erfolg, wie ihnen ihr weiser Lehrer anschließend bestätigte. Er trug ihnen auf, von nun an jeden Tag zu meditieren, wenigstens ein paar Minuten lang. Das war ein schöner Auftrag, den die beiden gern befolgten.

Einige Wochen später trafen sie sich wieder, um über ihre Erfahrungen zu sprechen. Amar berichtete von einem Problem, das er einfach nicht losgeworden war:

„Jedes Mal, wenn ich mich zum Meditieren hinsetzte, kam mir unser Nachbar in den Sinn. Er ist manchmal so ungerecht und darüber habe ich mich geärgert. Dann konnte ich überhaupt nicht an Gott denken, weil dauernd der Gedanke an den Nachbarn kam."

83

Mahmud sah Amar verständnisvoll an und sagte zu ihm:

„Es geschieht im Leben immer wieder, dass andere anders denken und handeln als du. Aber kannst du dir immer sicher sein, dass du im Recht bist und nicht der andere? Oder denkt ihr einfach nur verschieden? Und selbst wenn du im Recht bist, ist es nicht so, dass dir auch hin und wieder Fehler unterlaufen?"

„Ja, schon",

meinte Amar. Mahmud half ihm weiter:

„Dann bist du sicherlich froh, wenn andere deswegen nicht böse auf dich sind."

Amar nickte zustimmend:

„Ja, denn ich tue es ja nicht absichtlich, es geschieht eben manchmal."

Darauf sagte der weise Fakir:

„Siehst du, so kann es jedem ergehen. Sei nachsichtig mit den Schwächen anderer. Dann werden sie auch bei dir nachsichtig sein. Du weißt ja, das ist das Wirken von *Karma*.

Doch nun zurück zur Meditation. Wie du gemerkt hast, kann man sich Gott nicht richtig nähern, wenn man über andere schlecht denkt. Wenn du meinst, dass ein anderer falsch handelt, dann sende ihm in Gedanken Liebe zu - Liebe kann alles zum Guten wandeln, auch wenn es manchmal einige Zeit dauert. Erst wenn du niemandem mehr böse bist, kannst du Gott wirklich näherkommen."

Dieser Ratschlag war auch für Namu sehr hilfreich. Er erzählte, dass es ihm hin und wieder ähnlich ergangen war wie Amar. Je mehr er sich bemüht hatte an nichts zu denken, desto mehr kamen ihm manchmal unangenehme Gedanken.

Mahmud gab den Rat:

„Wenn du an Gott denken willst und dabei kommt dir das Gegenteil in den Sinn, dann kann dieses Gegenteil eigentlich gar nicht von dir sein. Behandle es deshalb wie einen ungebetenen Gast, damit es sich schnell wieder entfernen kann."

Namu und Amar versuchten nun bei unangenehmen Gedanken so zu tun, als hätten sie mit ihnen gar nichts zu tun. Erstaunlicherweise verschwanden sie dann meistens recht bald. Immer mehr gelang es den beiden Jungen dadurch, ihre Gedanken für längere Zeit auf ihre Vorstellung vom göttlichen Licht gerichtet zu halten.

Die nächsten Wochen und Monate verbrachten Namu und Amar damit, alle Punkte des Fünffachen Pfades zu befolgen. Wenn man einmal verstanden hatte, auf was es ankam, nahm es eigentlich gar nicht viel Zeit in Anspruch. Das meiste konnte man in den gewohnten Tagesablauf übernehmen. So war es für sie inzwischen selbstverständlich geworden, mit anderen zu teilen *(Daan)*. Hin und wieder taten sie freiwillig und mit Liebe Dinge, die ihnen schwerfielen oder zu denen sie eigentlich keine Lust hatten. Dadurch wurden sie innerlich stärker und bekamen ihren Körper und ihre Gefühle unter Kontrolle. Sie führten regelmäßig Übungen aus, die es ihnen erleichterten, an Gott zu denken *(Tapa)*. Ob sie nun Gutes erlebten oder dessen Gegenteil, sie wussten, dass sie dafür selbst verantwortlich waren. Für die Zukunft wollten sie ihr Schicksal Gott überlassen, denn niemand konnte besser für sie sorgen als er *(Karma)*. Sie vergaßen auch nicht, sich bei Gott für all das Gute zu bedanken, und waren überglücklich, dies mit dem *Agnihotra* ausdrücken zu können *(Yagna)*. Bei ihren Handlungen versuchten sie sich selbst zu beobachten, um herausfinden zu können, wer sie wirklich sind. Die Meditationsübungen halfen ihnen dabei, weil sie dann ganz ruhig und still waren und nicht abgelenkt wurden *(Swadhyaya)*.

Eigentlich hätten die vielen Anwendungsmöglichkeiten im Alltag vollauf genügt, um Gott näherzukommen. Bei Namu war die Sehnsucht nach Gott allerdings so groß, dass er jede freie Minute für zusätzliche Übungen aufwandte. Zunächst fertigte er sich eine neue

Mantrakette mit 108 Perlen an, die er eine Zeitlang verwendete. Später hatte er fast den ganzen Tag über ganz leise sein Mantra auf den Lippen, sodass er keine Mantrakette mehr benötigte. Die Mantras waren eine ideale Hilfe, um bei jeder Tätigkeit an Gott zu denken.

Es gab Suchende, die andere Gebetsketten mit weniger oder mehr Perlen verwendeten. Sie wiederholten dabei bestimmte Gebete. Mahmud sagte einmal, dass dies ebenfalls sehr hilfreich sei, man solle sich aber für eine der Möglichkeiten entscheiden und danach möglichst nicht mehr wechseln. Dann könne die Verehrung zur Gewohnheit werden und eines Tages wie von selbst geschehen.

Jeden Tag meditierte Namu etwas länger, sodass er irgendwann auf eine ganze Stunde am Tag kam. Der fürsorgliche Fakir gab ihm nach und nach zusätzliche Anweisungen und überwachte behutsam seine Fortschritte.

So kam es, dass Namus Herz immer mehr von Gott erfüllt wurde. Mit ganzer Liebe zu Gott führte er seine täglichen Pflichten aus und widmete sich seinen Meditationsübungen. Dann, eines Tages, durfte er etwas Wundervolles erleben. Namu meditierte in Gegenwart seines wachsamen Meisters Mahmud, als er bemerkte, wie es trotz geschlossener Augen immer heller wurde.

Zuerst nahm er ein winziges Lichtlein wahr. Er sah es vor seinen geschlossenen Augen. Danach wurde das Lichtlein etwas größer. Es strahlte hell und klar und leuchtete und funkelte. Nun merkte er, dass das Licht nicht nur vor ihm war, sondern auch in ihm. Im gleichen Moment erfüllte ihn ein Glücksrausch, so groß, wie er es niemals für möglich gehalten hatte.

Sein Empfinden war, dass er ewig lange Zeit dieses helle Licht und den Glücksrausch genießen durfte. Mahmud, der ihn beobachtet hatte, meinte allerdings, es wären nur einige Minuten gewesen. Aber in dieser Zeit hätte sein Gesicht so geleuchtet wie bei den Meditierenden im Tempel der Stille.

Noch viele Tage lang war Namu so glücklich wie noch nie zuvor in seinem Leben. Er hatte das himmlische Licht sehen dürfen! Mahmud sagte ihm, dass dies ein Funke vom Lichte Gottes sei. Wie groß und herrlich musste Gott sein, wenn schon ein Funke von ihm solche Glückseligkeit auslösen konnte!

Bald darauf führte der erhabene Fakir mit gezielten Fragen Namu weiter der Erkenntnis entgegen:

„Als du bei deinen *Karma*-Übungen Gott gefragt hast, welches Handeln richtig sei, woher kam eigentlich die Antwort?"

Namu meinte:

„Es war wie von innen, manchmal wie ein Gefühl, manchmal, als wüsste ich es plötzlich."

Mahmud forschte weiter:

„Was schließt du daraus, bei deinen Erfahrungen, die du nun hast?"

Namu blickte erstaunt, als käme ihm plötzlich eine Erkenntnis:

„Du meinst, die Antwort kam von dem Lichtlein in mir, dem Funken von dem großen, göttlichen Licht?"

Der gütige Fakir bestätigte:

„Ja, so ist es. Und nun überlege weiter, wer du wirklich bist. Sind es die Gedanken, die mal in die eine Richtung, mal in die andere Richtung wandern? Oder der Körper? Vielleicht die Gefühle? Oder meinst du, dass das, was dich wirklich ausmacht, das Licht in dir ist?"

Da musste Namu nicht lange überlegen:

„Nur ein Körper zu sein, das ist wohl kaum möglich. Wenn ich meinem Körper nicht sagen würde, was er tun soll, würde er wahrscheinlich die ganze Zeit nur herumsitzen. Es muss noch jemanden in mir geben, der dem Körper sagt, was er tun soll. Das sind meine Gedanken und meine Gefühle, die ich ebenfalls irgendwie hören kann. Das kann ich jedoch auch nicht wirklich sein. Sie sind so uneinig und so wechselhaft, ständig in Bewegung, keine Ruhe darin. Aber als ich das helle Licht in mir sah, habe ich eine unendliche Ruhe und einen tiefen Frieden wahrgenommen. Da wusste ich – jetzt bin ich zu Hause – das bin ich wirklich."

Mahmud freute sich mit Namu über seine wundervolle Erkenntnis. Er hatte auf *Swadhyaya*, auf die Frage „Wer bin ich?" die Antwort gefunden und erfahren. Der weise Fakir war sich sicher, dass Namu ebenfalls ein weiser Fakir werden würde.

Namu war über seine neue Erfahrung so glücklich, dass er sie sofort Amar mitteilen wollte. Kurz bevor er ihn besuchte, kam ihm allerdings ein Lied in den Sinn, das ausdrückte, was er erlebt hatte: „In mir ist ein kleines Licht". Anstatt nun Amar, der Musik so sehr liebte, etwas zu erzählen, sang er ihm dieses neue Lied vor.

Namu hätte Amar keine größere Freude machen können als mit diesem Lied. Schon bald konnte er es auswendig und sie sangen es oft gemeinsam. Dann dachte Namu jedes Mal an sein wunderschönes Erlebnis und die Freude darüber spiegelte sich in seinem Gesicht.

# In mir ist ein kleines Licht

Birgitt Heigl 2004

# Am Ziel

Im Lauf der nächsten Jahre nahm Namu während seiner Meditationsübungen immer öfter das Licht in sich wahr. Je mehr er sich damit beschäftigte, desto größer und strahlender wurde es. Irgendwann sah er es so hell, dass es leuchtender war als die Augen von Mahmud, strahlender als die nächtlichen Sterne am Himmel und heller als die Sonne zur Mittagszeit. Wenn er es sah, erlebte er dabei jedes Mal ein wunderbares Glücksgefühl.

Inzwischen hatte Namu seine Schulausbildung beendet. Für ihn war es keine Frage, was er danach tun sollte. Sein ganzes Sehnen und seine ganze Liebe galten Gott und er wollte ihm sein weiteres Leben widmen. Sein Ziel war es, ein richtiger Fakir zu werden.

Namu hatte nun viel Zeit für seine *Tapa*-Übungen, denen er sich ausgiebig widmete. Er erfuhr, dass es außer dem *Agnihotra* auch noch andere Formen von Dankesfeuern *(Yagna)* gab. Dabei wurden andere Mantras gesungen und anstatt Reis gab man Ghee (Butterfett) ins Feuer. Hier, in der Tempelanlage, wurde in einem allein dafür vorgesehenen kleinen Raum ein spezielles *Yagna* Tag und Nacht aufrechterhalten. Man führte es jeweils etwa eine Stunde durch und wurde dann abgelöst. Namu sah es als große Ehre an, sich daran beteiligen zu dürfen.

Jeden Tag spielte Namu vor seiner immer noch schläfrigen Schlange Flöte. Obwohl Zisch inzwischen bei jedem *Agnihotra* tanzte, rührte sie sich beim Flötenspiel überhaupt nicht. Es war fast zum Verzweifeln. Eines Tages kam Namu eine Idee. Wenn in ihm das Licht war, dann musste es auch in der Schlange sein. Wenn er sich vorstellen würde, dass nicht er, sondern das Licht in ihm Flöte spielte, dann müsste die Schlange eigentlich darauf reagieren. Sofort probierte er es aus.

Wie gewohnt setzte er sich auf eine dünne Decke, vor ihm stand das Körbchen mit Zisch. Er versuchte, das Licht in sich Flöte spielen zu lassen, und betrachtete die Schlange, als hätte er Gott selbst vor sich. Es erklangen die ersten Töne und sie entwickelten sich zu einer wunderschönen Melodie. Namu musste später zugeben, dass er noch nie so schön Flöte gespielt hatte. Da sah er, wie Zisch den Kopf hob, fast so, als könnte sie kaum glauben, was sie da hörte. Daraufhin begann sie zu tanzen und tanzte und tanzte. Namu konnte sich daran nicht sattsehen und so spielte er, bis er ganz außer Atem war.

Als sie ihr gemeinsames Schwingen der Töne und des Tanzes beendeten, empfand Namu eine einzige glückselige Zufriedenheit. Es war keine überschwängliche Freude, sondern ein tief empfundenes Glück. Namu wusste, dass seine Schlange nicht getanzt hatte, weil er es wollte. Sie tanzte, weil er sein „Ich will" dem Licht untergeordnet hatte und es daher dem Licht möglich gewesen war, durch ihn zu spielen.

In glückseliger Stimmung richtete Namu seinen Blick auf Zisch und dann auf seine Umgebung. Da nahm er wahr, was Mahmud ihm ganz zu Beginn seiner Schulung erklärt hatte: Das göttliche, himmlische Licht war überall! Er sah es in Zisch, in den Menschen, in den Bäumen und Sträuchern, und er sah es in der Mauer des Tempels und im Berg am Horizont. Alles war erfüllt davon. Nun wusste er, dass Gott wirklich überall ist, denn in allem Geschaffenen war ein Funke von ihm.

Lange Zeit saß Namu still und genoss, was für das normale Auge unsichtbar ist. Auf seinem Gesicht war ein besonderes Lächeln zu sehen, das dem von Mahmud auffallend ähnlich war.

Dieses Sehen hielt leider nicht lange an, aber Namu war nun wie verwandelt. Er nahm seine Schlange Zisch in die Arme und jeder, der schon einmal versucht hat eine Schlange zu umarmen, weiß, dass das gar nicht so einfach ist. Namu streichelte sie zärtlich und sagte zu ihr:

„Früher wollte ich, dass du wenigstens ein bisschen gefährlich sein solltest, und habe dich deshalb ‚Zisch' genannt. Aber jetzt durfte ich mit dir mein schönstes und größtes Erlebnis haben. Darum will ich dich von nun an ‚Bliss' nennen."

Bliss ist das englische Wort für Glückseligkeit. Mit seiner Schlange durfte Namu erfahren, was Glückseligkeit bedeutet. Der Name würde ihn nun immer daran erinnern.

Nach diesem großen Erlebnis suchte Namu sogleich seinen geliebten Lehrer Mahmud auf. Auch wenn der weise Fakir genau wusste, was Namu soeben erlebt hatte, hörte er sich seinen ausführlichen und voller Seligkeit vorgetragenen Bericht geduldig und mit Freude an. Daraufhin sagte er zu seinem jungen Schützling:

„Von klein auf verspürtest du eine große Sehnsucht nach Gott und dein ganzes Streben galt ihm. Dadurch hast du in kürzester Zeit viel erreicht und durftest bereits in so jungen Jahren den Funken Gottes, der in allem Geschaffenen ist, erkennen. Das ist nicht selbstverständlich, sondern ein großes Geschenk.

Wenn man Gott näherkommt, geschieht das meist stufenweise. Man kann es vergleichen mit einem Schüler, der zum Studenten wird, später wird er vielleicht ein Lehrer, dann Oberlehrer, möglicherweise sogar noch ein Professor. Beim Erleben von Gottes Herrlichkeit gibt es unendlich viele Steigerungen. So ist auch für dich das Ende des Lernens noch nicht erreicht. Um die nächsten wichtigen Erfahrungen zu sammeln, wäre es für dich gut, eine Zeitlang als wandernder Fakir durch die Welt zu ziehen. Es gibt unzählige Menschen, die auf der Suche nach Gott sind. Erzähle ihnen vom Fünffachen Pfad. Du hast erlebt, was er bewirken kann."

Namu wusste nicht, ob er fähig sein würde, anderen das näherzubringen, was er erlebt hatte. Aber er vertraute auf Gott und wusste, dass Er alles bewirken kann. Daher nahm er den Auftrag dankbar an. Sein weiser Lehrer gab ihm folgenden Rat mit auf den Weg:

„Du weißt, dass wir alle winzige Teile des einen allmächtigen Gottes sind. Gott ist überall - lass deine Liebe also allem zukommen, den Menschen, Tieren, Pflanzen ..., allem, dem du begegnen wirst. Selbst wenn du eine Tür öffnest, tu es mit Liebe, weil auch dort der göttliche Funke ist. Behandle jeden so, als würde Gott vor dir stehen. Wenn du bedenkst, dass jeder ein Teil des großen Ganzen ist, dann wirst du stets wissen, was für ihn das Beste ist."

So kam es, dass Namu auf Wanderschaft ging, nur begleitet von seiner lieben Schlange Bliss. Er erlebte dabei die Welt von ihren angenehmen und auch von ihren weniger angenehmen Seiten. Alles, was er gelernt hatte, war für ihn sehr nützlich. Weil er durch die *Tapa*-Übungen seinen Körper beherrschen konnte, machte ihm auf seiner langen Reise weder klirrende Kälte noch große Wärme etwas aus. Auch Hunger konnte ihm nichts anhaben, zumal meist schnell für ihn gesorgt wurde. Durch das jahrelange Üben von *Daan* waren andere ihm gegenüber stets großzügig.

Am Anfang hatte Namu noch hin und wieder Heimweh. Sein Weg führte ihn durch fremde Gegenden und er begegnete nur Menschen, die er nicht kannte. Wie gern hätte er manchmal seine Eltern, den gütigen Mahmud oder Amar und seine gewohnte Umgebung um sich gehabt. Als ihn an einem Abend das Heimweh wieder einmal besonders stark überfiel, überlegte er, welchen Rat ihm wohl der weise Fakir gegeben hätte. Da fiel ihm ein, was dieser ihm gleich zu Beginn der Schulung erklärt hatte:

„*Daan* bedeutet auch, dass man an nichts hängen soll, alles ist uns nur für kurze oder längere Zeit geliehen."

Jetzt wurde Namu klar, dass er nicht an der Heimat und den Menschen, die ihm lieb waren, hängen durfte – und auch nicht an Bliss, bei der er in letzter Zeit oft Trost gesucht hatte. Er dachte nun voller Dankbarkeit an sein Zuhause und an seine lieben Freunde. Gleichzeitig bemühte er sich jedoch, sich über jeden neuen Menschen zu freuen, mit dem er kurze Zeit verbringen durfte. Je mehr ihm dies gelang, desto freier und zufriedener wurde er. Die fremden Menschen und Gegenden empfand er bald nicht mehr als fremd, weil er wusste, dass Gott überall ist – für Gott konnte es nichts Fremdes geben.

Namu kam der Gedanke, dass der Fünffache Pfad wohl viel umfassender ist, als er bisher gedacht hatte, und dass wahrscheinlich für unzählige Bereiche Hilfe darin zu finden ist.

Bei einer Gelegenheit lernte Namu ein überaus hübsches und liebliches Mädchen kennen. Wenn er sie sah, hatte er plötzlich ganz neue angenehme Gefühle und es wurde ihm ganz warm dabei. Er musste an Amar denken, der wohl genauso empfunden haben mochte, wenn er der Tänzerin Sundari begegnete. Bei Namu hielten diese Gefühle allerdings nicht lange an, weil er bereits stärker als seine Gefühle geworden war und weil er wusste, dass das Glück mit einer Frau ihn nicht auf Dauer zufriedenstellen würde.

Manchmal gab es Menschen, die den jungen Fakir wegen seines ärmlichen Äußeren belächelten oder ihn sogar unschön ansprachen. Das machte ihm jedoch nichts aus. Er wusste, dass sein Reichtum in seinem Inneren lag. Es gab nichts mehr, was seinen frohen Mut und seine glückliche Stimmung hätte trüben können.

Auf seiner langen Reise lernte Namu die unterschiedlichsten Menschen kennen. Er erfreute sich daran, wie verschieden sie Gott verehrten, wie verschieden sie Gott bezeichneten und wie verschieden ihre Vorstellungen von Gott waren. Wie auch immer sie sich Gott zuwendeten, der Fünffache Pfad war für alle eine große zusätzliche Hilfe, die sie alle miteinander verbinden würde.

Durch den wandernden Fakir erfuhren Menschen aus zahlreichen Ländern von den Dankesfeuern an Gott. Seine Schlange Bliss trug dazu bei, dass viele fasziniert stehen blieben, wenn sie sahen, wie Bliss zum *Agnihotra*-Feuer tanzte. Über sie konnte Namu anschaulich erklären, wie auch im Menschen durch das *Agnihotra* irgendwann alles voller Freude zu schwingen beginnt.

Einmal kam Namu der Gedanke, wie es wäre, wenn auf der ganzen Erde *Agnihotra* durchgeführt würde. Sonnenaufgang und Sonnenuntergang wandern gleichmäßig und beständig um den Erdball. Wenn zu den Zeiten überall das kleine Feuer entzündet würde, dann würde es stets um die Welt kreisen. Das Licht würde nie ausgehen, der Dank an Gott immerzu um den Globus wandern. Wie herrlich das wäre!

Solche Gedanken beflügelten den kleinen Fakir und unermüdlich zog er weiter von Ort zu Ort.

Nach vielen Jahren war die Zeit gekommen, in der Namu fühlte, dass er zurück zum Tempel sollte. Als er ihn erreichte, wurde er sogleich von seinem geliebten Meister Mahmud herzlichst begrüßt. Der weise Fakir eröffnete Namu, dass nun hier im Tempel sein Zuhause sei und eine neue Aufgabe auf ihn warten würde. Doch zuerst sollte er sich von seiner langen Reise erholen.

Daraufhin suchte Namu seine Eltern auf und danach seinen Freund Amar. Wie sich denken lässt, hatte sich bei Amar in der Zwischenzeit viel verändert. Nach der Schule war er, wie sein Vater, Postbote geworden. Schon bald wurde er als der „Singende Postbote" bekannt, denn wenn er von Haus zu Haus ging, hatte er fast immer ein Lied auf den Lippen. Seine Stimme war noch schöner und voller geworden und jeder freute sich, sie zu hören. Wenn Amar manchmal bei strömendem Regen fröhlich die Post austrug, dann fragten ihn die Leute, wie er so fröhlich sein könne, wo er doch ganz durchnässt sei. Da antwortete er ihnen:

„Regen ist gut für das Wachstum!",

und wenn sie nicht verstanden, was er meinte, erzählte er ihnen vom Fünffachen Pfad.

Es gab noch etwas, was sehr zu Amars Glück beitrug. Es war seine wunderschöne, liebevolle Frau Sundari – seine große Liebe. Amar wusste, dass er erst durch die Liebe zu ihr seine Liebe zu Gott entdeckt hatte. Sie war für ihn wie der leuchtende und wärmende Sonnenschein und jedes Mal, wenn er sie betrachtete, dankte er Gott für dieses große Geschenk.

Namus Besuch bei Amar und Sundari dauerte längere Zeit. Sie hatten sich viel zu erzählen. Dabei bemerkte Namu einen ganz besonderen Glanz in den Augen seiner Freunde. Das bestätigte ihm, was er bereits vermutet hatte: Die beiden hatten inzwischen ebenfalls das göttliche Licht gesehen und erlebt – auch sie hatten ihr Ziel erreicht!

Amar und Sundari stellten Namu ihre zwei Kinder vor. Das ältere war ein hübscher und kräftiger Junge, das jüngere ein zartes Mädchen mit strahlenden Augen. Namu sollte sie künftig öfter sehen, denn er war schon bald im Tempel dafür zuständig, die vielen Kinder im Fünffachen Pfad zu unterrichten, die aus den umliegenden Dörfern, manche auch von weit entfernt, kamen.

In einer feierlichen Zeremonie wurde Namu sein neues Amt im Tempel übertragen. Sein Lehrer, der gütige und weise Fakir Mahmud, eröffnete ihm, dass er jetzt nicht länger ein kleiner, sondern ein richtiger Fakir sei. Namu freute sich sehr darüber. Früher war es sein größtes Ziel gewesen, ein richtiger Fakir zu werden. Jetzt, wo es so weit war, spielte es für ihn allerdings keine große Rolle mehr. Er wusste inzwischen, dass es die inneren Erfahrungen und Werte sind, die einen Menschen wirklich groß machen – und nicht der Name oder Titel.

Sein neues Amt im Tempel nahm Namu dankbar an. Die beiden ersten Schüler, die zu ihm kamen, waren die Kinder von Amar und Sundari. Sie begrüßten ihn voller Freude und der Junge sagte daraufhin:

„Wir sollen dich von unseren Eltern grüßen. Unser Papa hat uns zwei besondere Lieder beigebracht und meinte, du würdest dich sicherlich darüber freuen."

Dann stellten sich der Junge und das Mädchen aufrecht hin und sie begannen sehr schwungvoll und mit hell klingenden Stimmen zu singen:

# Rumbuddi war ein kleiner Zwerg

Horst Heigl 1988

# Kommt, lasst uns fröhlich singen

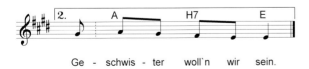

Horst Heigl 1988

Namu hörte dem wunderschönen Gesang aufmerksam zu und klatschte begeistert im Takt mit. Wie schnell doch Lieder darüber entstanden, was das Herz des Menschen glücklich stimmt. Durch solch fröhlichen Gesang war dies wirklich gut auszudrücken.

In der darauffolgenden Zeit ergab es sich, dass sich der weise Fakir Namu und der immer fröhliche Amar mit seiner liebevollen Frau Sundari und ihren Kindern oft besuchten, und hin und wieder hörte man sie dabei gemeinsam singen von dem stets vergnüglichen Rumbuddi, der in einem kleinen Topf ein Dankesfeuer macht, von Yagna, Daan, Tapa, Karma und Swadhyaya, über die man so glücklich werden kann, und auch vom leuchtenden Lichtlein, das in jedem Menschen verborgen ist und darauf wartet, entdeckt zu werden.

*

Das war die Geschichte von Namu, dem Fakir, der erkennen durfte, dass Gott überall ist. Auch sein Freund Amar und dessen Frau Sundari erlebten das Gleiche und später würden es ihre Kinder vielleicht ebenfalls erleben. Sie alle erkannten, dass es keine Rolle spielt, ob jemand lieber lange Gebete spricht oder singt oder für Gott tanzt oder, oder ... Dies alles sind nur verschiedene Formen der Verehrung Gottes. Auch die eigene Hautfarbe ist gleichgültig und auch, mit welchen Namen man Gott anspricht. Wichtig ist allein, im Herzen immer mehr Platz für Gott zu schaffen. Und um das zu erreichen, gibt es den uralten, nun wieder neu belebten Fünffachen Pfad:

| | |
|---|---|
| Yagna: | die Dankesfeuer an Gott |
| Daan: | das liebevolle Teilen mit anderen |
| Tapa: | die Kontrolle über sich selbst und die Hinwendung zu Gott |
| Karma: | das gute Handeln mit dem Ziel, Gottes Willen zu erfüllen |
| Swadhyaya: | das Suchen und Erkennen, wer man wirklich ist |

# Danksagung

Param Sadguru Shree Gajanan Maharaj (1918-1987) gilt mein besonderer Dank für seinen Eid, das uralte Wissen der Veden wieder jedem zugänglich zu machen. Danke für den Fünffachen Pfad, der ohne besonderes Studium leicht durchführbar ist.

Horst Heigl, meinem lieben Ehemann, gilt ebensolcher Dank, dass er dieses Wissen unverfälscht weitergegeben hat. Es ist kein Zufall, dass die Worte des weisen Fakirs Mahmud so viel Ähnlichkeit mit den Worten von Horst haben. Von ihm erhielt ich jegliches geistige Wissen und es war mir eine große Freude, dass ich es in einfachen Worten für Groß und Klein niederschreiben durfte. Danke auch für die Lieder „Rumbuddi war ein kleiner Zwerg", das Horst speziell für Kinder komponiert hat, und „Kommt, lasst uns fröhlich singen".

Danke dem einen großen allmächtigen Gott, dass er uns immer wieder Hilfen in menschlicher Form schickt, die uns wieder und wieder den rechten Weg weisen. Und Danke dafür, dass das durch sie gegebene Wissen erfahrbar ist, so, wie auch ich es erfahren durfte.

*

Nähere Informationen zum Fünffachen Pfad werden kostenlos am Homa-Hof in Heiligenberg weitergegeben. Hier, wo reichhaltiges Gemüse angebaut wird, sieht man u. a., wie die Yagna-Feuer die Pflanzenwelt positiv verändern. Man kann hier auch Menschen begegnen, die seit Langem den Fünffachen Pfad in ihr Leben mit einbezogen haben.

| Informationen im Internet: | Weiterführende Literatur: |
|---|---|
| www.homa-hof-heiligenberg.de | www.heigl-verlag.de |